Basiswissen
Politik / Geschichte / Ökonomie

Georg Fülberth

Sozialismus

PapyRossa Verlag

Eine Übersicht aller Titel der PapyRossa-Reihe
Basiswissen Politik / Geschichte / Ökonomie
finden Sie unter www.papyrossa.de

4., aktualisierte und erweiterte Auflage 2020
3. Auflage 2018
2. Auflage 2011

Luxemburger Str. 202, 50937 Köln
Tel.: +49 (0) 221 – 44 85 45
Fax: +49 (0) 221 – 44 43 05
E-Mail: mail@papyrossa.de
Internet: www.papyrossa.de

Druck: Interpress

Die Deutsche Bibliothek verzeichnet diese Publikation in der Deutschen Nationalbibliografie; detaillierte bibliografische Daten sind im Internet über http://dnb.ddb.de abrufbar

ISBN 978-3-89438-430-2

Inhalt

I. Definition

1. Formale Bestimmung

Unter Sozialismus wird im Folgenden dreierlei verstanden:

a. eine Gesellschaftsordnung,
b. eine politische Bewegung und ihre Theorie,
c. ein untergeordnetes Organisationsprinzip in der kapitalistischen Gesellschaft.

Als Ordnung ist er die Verfügung einer Gesellschaft über die Produktions- und Zirkulationsmittel sowie über die Erbringung von Dienstleistungen durch den planenden, organisierenden und verteilenden Einsatz von politischen Institutionen. Ein Unterfall ist das gesellschaftliche Eigentum, das verschiedene Formen annehmen kann: staatliches, kommunales oder genossenschaftliches. Strukturiert dieses die gesamte Gesellschaft, wird sie in der Regel als kommunistisch bezeichnet. Als sozialistisch kann aber auch eine Ordnung gelten, in der Privateigentum in relevantem Maße weiter besteht, aber gesellschaftlich geplant und organisiert ist. Die politischen Formen, in denen sozialistische Gesellschaften ihre Verfügung über Produktion, Dienstleistungen und Verteilung wahrnehmen, können sehr verschieden sein: von zahlreichen Varianten der Demokratie bis zur Despotie.

Bewegungen und Denkrichtungen, die auf eine solche Gesellschaftsordnung abzielen, bezeichnen sich selbst in der Regel als sozialistisch. Der Sozialismus in diesem Sinne ist dann also nicht nur ein Zustand, sondern eine der großen Theorie- und Praxisorientierungen, die die kapitalistische Gesellschaft hervorgebracht hat und die auf sie reagieren.

Indem sozialistische Gesellschaftsordnungen und Bewegungen auf den Kapitalismus bezogen werden, ergibt sich eine historische Eingrenzung:

Im größten Teil der ca. zwei Millionen Jahre zurückreichenden Menschheitsgeschichte gab es kein Privateigentum an den Produktions- und Zirkulationsmitteln. Insbesondere das Land war Allmende, die allen zur Nutzung offen stand. Relativ spät – beim Übergang zu Ackerbau und Viehzucht (ca. 12.000 Jahre vor unserer Zeitrechnung [= v. u. Z.]) – mag es erste Ansätze zu Sondereigentum (das also nicht allen Menschen, die in einem von ihnen überschaubaren räumlichen Zusammenhang lebten, gleichermaßen zur Verfügung stand) gegeben haben. Historisch fassbar ist dieses noch viel später: etwa 5.000 Jahre v. u. Z. im Zweistromland: Eigentümer der Produktionsmittel war da schon ein Staat, dessen Oberhaupt und dessen Beamte die Verwaltung der Arbeitsergebnisse als Abgaben organisierten.

In der griechischen und römischen Antike nahm dieses Sondereigentum schon den Charakter des individuellen Privateigentums an, daneben gab es Formen von öffentlichem Eigentum, das aber – wie zum Beispiel der römische ager publicus – ebenfalls von Privaten, die Anteile daran pachteten, genutzt wurde.

Im mittelalterlichen Feudalismus waren die Adligen Sondereigentümer an Grund und Boden, letztlich jedoch nicht Privateigentümer im heutigen Sinne: sie hatten das Land nur »zu Lehen« von anderen, ihnen übergeordneten Adligen, letztlich vom Monarchen, dem es der damaligen Ideologie zufolge von Gott anvertraut war. Daneben gab es weiterhin Allmende, die von den dörflichen Gemeinschaften genutzt wurde. Das Eigentum der Klöster kann als genossenschaftliches gelten.

Seit dem 13. Jahrhundert, als in Oberitalien erste Ansätze des Kapitalismus sichtbar wurden, entstand ein Widerspruch zwischen diesem und der bisherigen Gesellschaftsordnung. Sie hatte ja Sondereigentum in letzter Instanz als religiös legitimiertes »Lehen« aufgefasst. Wie konnte durch eigene Arbeit, durch die Beschäftigung von Lohnarbeit und durch Handel erworbenes Privateigentum gerechtfertigt werden? Hier entwickelte sich eine erste Kritik kapitalistischer Verhaltensweisen, die in Bettelorden Ausdruck fand, während die katholische Soziallehre beide Eigentumsformen miteinander zu vereinbaren suchte. Letzte Begründung war die Orientierung an einer nicht- (genauer: vor-)kapitalistischen Eigentumsordnung. So genannte Ketzerbewegungen des hohen und späten Mittelalters beriefen sich immer wieder auf angebliche oder tatsächliche frühchristliche Vorgaben der Gütergemeinschaft.

Der Angriff des Adels auf die Allmende löste bei den Bauern den Kampf um die Bewahrung des »guten alten Rechts« aus: auch hier war die Vergangenheit der Maßstab.

Die Vorbereitung des modernen Kapitalismus bedeute nicht nur die Beseitigung älterer Formen des nicht individuell zugewiesenen Eigentums, sondern auch die Entstehung von neuen: der absolutistische Staat hatte Manufakturen und landwirtschaftliche Domänen, die der Krone gehörten. Die Steuer – sie geht letztlich auf den Finanzbedarf der Krone im Hundertjährigen Krieg zwischen England und Frankreich (1337–1453) zurück – war eine neue Form der Enteignung und führte zur Bildung von staatlichem Sondereigentum, das vom Fiskus verwaltet wird.

Wir sehen: das allgemeine Eigentum ist älter als das Privateigentum und hat sich auch während dessen Durchsetzung in unterschiedlichen Formen erhalten und neu gebildet. Es hat auch vor dem Kapitalismus immer wieder Theoretiker gegeben, die das jeweilige Privateigentum ihrer Zeit delegitimierten: von Platon bis zu frühneuzeitlichen Denkern in ihrer Auseinandersetzung mit der heraufkommenden neuen Ordnung und bei der Konstruktion eines gemeinwirtschaftlichen »utopischen« Modells (Campanella, Thomas Morus).

Dennoch sollte für diese vorkapitalistischen Theorien und Praxen nicht der Begriff »Sozialismus« gebraucht werden. Im Folgenden wird er ausschließlich angewandt auf:

1. Bestrebungen, um den modernen Kapitalismus zu überwinden,
2. die Ordnungen, die aus diesen Kämpfen zeitweilig entstanden sind,
3. ein Organisationsprinzip im Kapitalismus selbst, das Privateigentum politischer Steuerung unterzieht.

Was aber ist dieses »untergeordnete sozialistische Organisationsprinzip im Kapitalismus«?

Kapitalismus nennen wir »die Funktionsweise von Gesellschaften, die auf der Erzielung von Gewinn und der Vermehrung der hierfür eingesetzten Mittel (die als Kapital zu bezeichnen sind) durch den Kauf und Verkauf von Waren oder die Erbringung und den Verkauf von Dienstleistungen beruhen«. (Fülberth 2008: 12) Er stützt sich zwar in erster Linie auf Privateigentum – aber nicht nur. Schon in seiner Entstehungszeit war er auf staatlichen regulierenden Eingriff angewiesen. Dies gilt zum Beispiel für die Ausstattung einzelner Unternehmer und ihrer Zusammenschlüsse durch sie privilegierende »Monopole« (u. a. für die großen Handelskompanien in den Niederlanden und England). Die Entstehung des modernen Staates war verbunden mit der Herausbildung einer aufwendigen Exekutive: eines Apparats, der nicht privatwirtschaftlich organisiert war. Immer hat auch die Legislative in den Markt eingegriffen: durch Zölle, aber auch durch die gesetzliche Regulierung der Lohnarbeitsverhältnisse und durch Sozialgesetzgebung. Dies geschah letztlich fast immer auch im Interesse der Unternehmer, diente und dient der Effektivität und dem Fortbestand der kapitalistischen Gesellschaft, ist aber durch den Markt allein nicht zu bewerkstelligen. In den beiden großen Kriegen des 20. Jahrhunderts wurde ein großer Teil des Produktions- und Verteilungsapparats staatlichen Anforderungen unterstellt. Durch diese militärische Anstrengung ist das Sozialismusbild jener Zeit in hohem Maße geformt – und deformiert! – worden. Einen rein privatwirtschaftlichen Kapitalismus hat es nie gegeben.

Der Kapitalismus funktioniert nach zwei Prinzipien, einem dominanten und einem untergeordneten, für seinen Fortbestand aber gleichwohl unentbehrlichen:

Das erste ist der Wettbewerb auf dem Markt.

Das zweite ist die politische Regulierung dieses Marktes, mithin also »Verfügung einer Gesellschaft über die Produktions- und Zirkulationsmittel sowie die über Erbringung von Dienstleistungen durch den planenden, organisierenden und verteilenden Einsatz von politischen Institutionen« – so wurde von uns eingangs Sozialismus definiert. Kapitalismus ohne einen Mindestanteil eines solchen »Sozialismus« ist nicht vorstellbar. Er bleibt Kapitalismus allerdings nur so lange, wie dieser Sozialismus ihm untergeordnet – subaltern – ist. (Wollen wir den Begriff des Sozialismus hierfür nicht anwenden, lässt sich auch von »nichtkapitalistischer Vergesellschaftung im Rahmen des Kapitalismus« sprechen.)

Zu überlegen wäre, ob ein umgekehrtes Verhältnis der beiden Prinzipien möglich und/oder wünschenswert ist:

Dominant: die »Verfügung einer Gesellschaft über die Produktions- und Zirkulationsmittel sowie die über Erbringung von Dienstleistungen durch den planenden, organisierenden und verteilenden Einsatz von politischen Institutionen«.

Untergeordnet: die durchaus – wenngleich nunmehr nach Maßgabe dieses dominanten Prinzips – weiter bestehende »Erzielung von Gewinn und die Vermehrung der hierfür eingesetzten Mittel (die als Kapital zu bezeichnen sind) durch den Kauf und Verkauf von Waren oder die Erbringung und den Verkauf von Dienstleistungen«. Diese Kombination kann drei Formen annehmen:

1. als Ausdruck eines *zeitweiligen* Kräfteverhältnisses, in dem die Kapitalseite zu großen Konzessionen gegenüber der Arbeiterbewegung gezwungen ist, die aber nach einiger Zeit wieder zurückgenommen werden;
2. als *stabile* Form der Unterordnung der Arbeit unter das Kapital bei Einräumung von Mitsprache und unter materiellen Zugeständnissen;
3. als *Übergangsordnung* zwischen Kapitalismus und Sozialismus.

2. Normativer Anspruch

Wie alle Gesellschaftsordnungen (Feudalismus, Kapitalismus) und politischen Orientierungen hat der Sozialismus ein Wertesystem, das von seinen Anhängern und Anhängerinnen als seine Zielvorstellung, von Außenstehenden als seine Ideologie verstanden wird. Eine »Assoziation, worin die freie Entwicklung eines jeden die Bedingung für die freie Entwicklung aller ist« (Marx/Engels 1969: 482): dieses allgemeinste Ziel, bereits früh, 1848, formuliert, kann als Gemeinsamkeit aller Sozialistinnen und Sozialisten (über die Spaltungen schon damals und später hinweg) angesehen werden. Aus diesem Grund wird es auch in dieser Darstellung immer wieder einmal als Maßstab herangezogen werden. Als unaufgebbare Voraussetzung seiner Verwirklichung gilt die Aufhebung oder tief greifende Einschränkung des Privateigentums an den wichtigsten Produktionsmitteln.

Zentral ist im Sozialismus

- der Gedanke der Gleichheit auf der Basis der Verfügung aller Gesellschaftsmitglieder über die Produktionsmittel. Seine Verwirklichung schließt insbesondere in der an Marx orientierten Richtung sozialistischer Theorie und Praxis – aber nicht nur dort – die
- Aufhebung der Klassen (und damit ihrer Gegensätze),
- die allmähliche Beseitigung der Trennung von Hand- und Kopfarbeit,
- der Arbeitsteilung insgesamt und
- das Heraustreten der Menschen aus dem unmittelbaren Produktionsprozess sowie die Reduktion der gesellschaftlich notwendigen Arbeitszeit ein.
- Hinzu kommt die Überwindung eines gesellschaftlichen Zustandes, in dem der Warentausch und die Ware-Geld-

Beziehung das die gesamte Gesellschaft dominierende Verhältnis ist.

- Sind alle Gesellschaftsmitglieder in gleicher Weise an der Regelung der gesellschaftlichen Angelegenheiten beteiligt, dann wäre dies zugleich die am meisten entfaltete Form von Demokratie.

Zu den Voraussetzungen für die Verwirklichung solcher Ziele gehört ein sehr hoher Stand der Produktivität und der technischen Möglichkeiten der Informationsgewinnung und -verarbeitung, der in allen bisherigen Sozialismusversuchen noch nicht erreicht war.

Bis zum Anfang des 20. Jahrhunderts sind die Begriffe Sozialismus und Kommunismus oft synonym gebraucht worden. Seit der russischen Revolution von 1917 wurde der letztere Begriff meist auf Bewegungen, die an dieser orientiert waren, bezogen.

Konstituierend für die sozialistische Theorie ist auch der Entwicklungsgedanke: die angestrebte Ordnung kann nicht von heute errichtet werden, sondern realisiert sich über eine längere historische Strecke hinweg. Eine Variante dieses Denkens unter anderen ist die Marxsche Vorstellung von niederen und aus ihnen hervorgehenden höheren Phasen der auf dem Gemeineigentum beruhenden Ordnung. Aber auch die spätere sozialdemokratische Auffassung, dass der Sozialismus eine ständige Aufgabe sei, gehört hierher.

II. Geschichte

1. Sozialistische Bewegungen in der Industriellen Revolution

Der moderne Kapitalismus begann nicht erst mit der Industriellen Revolution (1780 ff.), sondern schon als Handelskapitalismus um 1500. Aber erst mit ihr wurde er unumkehrbar. Vorher war er noch in eine vorkapitalistische Gesellschaft eingelagert. Seine »Überwindung« war allenfalls als erneute Einverleibung in diese (sozusagen als »Rückfall«) denkbar. Die Unterklassen im Handelskapitalismus hatten keine Perspektive, die über diesen Kapitalismus hinausging – dies schon deshalb nicht, weil nur eine Minderheit von ihnen in ihrer Lebenswirklichkeit von diesem Kapitalismus berührt wurde. Die meisten Zeitgenossen dieser neuen Wirtschaftsform lebten nicht in ihr, sondern neben ihr: noch als Bäuerinnen und Bauern in feudaler Abhängigkeit oder im städtischen Handwerk. Mit dem Eindringen des Kapitalismus in die Agrarproduktion aber wurde massenhaft Landbevölkerung vertrieben. Adlige bedrängten die Allmende, in England wurden große Weideflächen für Schafzuchten, die zur Wollproduktion benötigt wurden, geräumt. Die Opfer bildeten eine neue Schicht: die »Paupers«. Gegen sie richtete sich staatliche Kontrolle und Repression, zum Beispiel in Armen- und Zuchthäusern oder durch Rekrutierung in Armeen. Oft blieb das Verbrechen als letzter Ausweg.

Eine erste Gegenbewegung gegen den Kapitalismus, der damals noch nicht Industrie-, sondern Agrar- und Handelskapitalismus gewesen ist, waren die »Digger« in der englischen Revolution von 1640. Sie gründeten auf dem Gemeineigentum beruhende Siedlungen. Ihr kommunistischer Theoretiker war Gerard Winstanley (1609–1676).

Von dieser bereits gründlich ausgearbeiteten Theorie und Praxis zu unterscheiden ist die nicht auf eine strategische Perspektive angelegte Aktivität von Räubern und (teilweise religiös motivierten) Geheimgesellschaften – der so genannten »Sozialrebellen« (Hobsbawm 1962). Deren Art von Gegenwehr und Ausweichen war auch noch typisch für den Übergang in den Industriekapitalismus. Zum Beispiel versuchten sich Arbeiter durch Maschinenzerstörung gegen den Verlust ihrer Arbeitsplätze zu wehren (in England häufig auch auf dem Lande gegen Dreschmaschinen).

Die erste organisierte Massenbewegung des Proletariats war in den dreißiger und vierziger Jahren des 19. Jahrhunderts der englische Chartismus. Zu seinen zentralen Forderungen gehörten das allgemeine Männerwahlrecht und eine Begrenzung der Arbeitszeit. Als 1847 das Unterhaus, zu dem die Arbeiter kein Wahlrecht hatten, ein Gesetz über den Zehnstundentag fasste, war dies ein früher Fall staatlicher Regulierung der industriellen Beziehungen durch die herrschenden Klassen (in diesem Fall durchgesetzt von konservativen Parlamentariern gegen die liberalen Fabrikanten). In den französischen Revolutionen des 19. Jahrhunderts (1830, 1848, 1871) drängte in zunehmendem Maße auch die Arbeiterschaft nach vorn. 1848 waren in Paris »Nationalwerkstätten« errichtet worden. Als sie aufgehoben werden sollten, erhoben sich die Arbeiter. Sie wurden blutig niedergeschlagen. Eine erste Arbeiterregierung, die sich mehrheitlich als sozialistisch verstand, war seit März 1871 die Pariser Kommune. Sie endete ebenfalls in einem Blutbad, das die Armee anrichtete.

Unterhalb dieser dramatischen Ereignisse und Aufstände gab es Formen der Alltagsorganisation: Hilfskassen der Arbeiter für Notfälle, Gewerkschaften, sozialistische Propagandagesellschaften. In letzteren wurden auch schon sozialistische Gesellschaftsentwürfe vorgetragen. Dieser »Frühsozialismus« war quantitativ schwach, inhaltlich aber breit gefächert.

Für Henri de Saint-Simon (1760–1825) waren Arbeiterschaft und Industrielle die einzigen produktiven Klassen, die gemeinsam die Gesellschaft organisierten. Charles Fourier (1772–1837) wollte die neue Gesellschaft auf lebensgemeinschaftliche Genossenschaften (»phalanstères«) gründen. Für Pierre-Joseph Proudhon (1809–1865) war die Freiheit der Menschen durch die Beseitigung ökonomischer Abhängigkeit und des Staates zu erreichen: er wurde zu einem der ersten Vertreter des Anarchismus, der dann durch Michail Bakunin (1814–1876) international organisiert worden ist. Louis Blanc (1811–1882), Arbeitsminister in der französischen Revolutionsregierung von 1848, versuchte die Führung der Gesellschaft durch die Arbeiterklasse in einer Kombination von gesetzlichen Reformen (z. B. Einführung eines Mindestlohns; Errichtung von Nationalwerkstätten) zu gewährleisten. Louis-Auguste Blanqui (1805–1881) war der Theoretiker des bis in die letzten Einzelheiten geplanten Aufstandes einer Avantgarde. Er verwandte den Begriff der

»Diktatur des Proletariats«, stützte sich dabei aber bereits auf einen Vorläufer: auf den sozialistischen Gleichheitstheoretiker Gracchus Babeuf (1760–1797).

Diese unterschieden sich von den anderen Frühsozialisten durch die Betonung der Eigentumsfrage. Robert Owen (1771–1858) hatte zunächst durch Reformen in einer von ihm geleiteten Fabrik in Lanark (Verkürzung der Arbeitszeit) weites Aufsehen erregt, bevor er in seiner Kolonie New Harmony in den USA genossenschaftliche Prinzipien zu verwirklichen suchte. Wilhelm Weitling (1808–1871) legte seine Vorstellungen von einer künftigen harmonischen Ordnung in umfangreichen Ausarbeitungen dar.

Ein praktisches Experimentierfeld für die verschiedenen Konzepte waren Genossenschaften, die Anhänger Fouriers, Proudhons und Owens (wie dieser selbst) als Auswanderer in den Vereinigten Staaten von Amerika errichteten.

Inzwischen war die Industrielle Revolution abgeschlossen. Der Kapitalismus nahm eine neue Gestalt an. Dies galt auch für die sozialistischen Gegenbewegungen.

In dieser neuen Phase gewannen die Kapitalismuskritik und die sozialistischen Vorstellungen von Marx und Engels zunehmend an Bedeutung. Diese waren noch in der Industriellen Revolution entwickelt worden und fußten auch auf der Auseinandersetzung mit den Frühsozialisten und utopischen Kommunisten, die für die folgenden Phasen kaum noch eine Bedeutung hatten. Die Überlegungen von Marx und Engels wirkten im gesamten 20. Jahrhundert und werden auch in der Gegenwart zumindest für die Analyse das Kapitalismus herangezogen. Auf sie reagierten immer wieder auch (sozialistische und nichtsozialistische) Richtungen, die sich von ihnen abgrenzen. Deshalb sollen sie im Folgenden ausführlicher erörtert werden.

Theorie und Praxis von Karl Marx und Friedrich Engels

Im Unterschied zu den utopischen Kommunisten hat Marx die gedankliche Konstruktion einer anzustrebenden künftigen Gesellschaft, die es dann zu verwirklichen gelte, abgelehnt. Seine Arbeit galt in erster Linie der Analyse der kapitalistischen Gesellschaft von ihrer materiellen Basis aus (Historischer Materialismus, Kritik der Politischen Ökonomie) unter dem Aspekt ihrer Überwindung in einem »Verein freier Menschen« (Marx 1975: 92). Dabei benannte er vier Engpässe kapitalistischer Entwicklung, von denen er aber keinen für einen exakten Nachweis einer unvermeidlichen Endlichkeit der auf dem Privateigentum an den industriellen Produktionsmitteln beruhenden Gesellschaft benutzt.

Das erste Problem sind die zyklischen Krisen. Diese können jedoch – und zwar durchaus auch in der Argumentation von Marx – eine systemstabilisierende Funktion haben: als »Reinigungskrisen«, welche überschüssiges Kapital vernichten und danach wieder eine beschleunigte und stabilere Entwicklung ermöglichen.

Zweitens stellte Marx das »Allgemeine Gesetz der kapitalistischen Akkumulation« auf. Es besagt, dass bei steigender Arbeitsproduktivität die Zahl der Beschäftigten zurückgehe, die Erwerbslosigkeit also auf Dauer zunehmen wird. Auch dies muss nicht unbedingt eine kapitalismusstürzende, es kann auch eine kapitalismusstabilisierende Funktion haben: die Drohung des Arbeitsplatzverlustes vermag disziplinierend auf die noch in Lohn und Brot Befindlichen zu wirken.

Den dritten Engpass stellt der tendenzielle Fall der Profitrate dar. Nach Marx werden die Kapitalisten immer mehr konstantes Kapital – Auslagen für Werkstoffe und Maschinen – bereitstellen müssen, um Arbeitskraft einzusparen. Dadurch wachse die organische Zusammensetzung des Kapitals. Hierunter versteht Marx das Verhältnis der Aufwendungen für Anlagen und Rohstoffe einerseits zu den Lohnkosten andererseits. Allerdings nähmen die Kosten für das Sachkapital schneller zu als die Einsparungen am Lohn. Das heißt: die Zunahme der Gewinne verlangsamt sich, deren Anteil am Wert der Waren sinkt. Marx hat zwar auch Gegentendenzen zu dieser Entwicklung benannt, blieb aber dabei, dass auf lange Sicht der Trend zum Fall der Profitrate sich fortsetzen werde.

Auch dieses Gesetz hat er nicht als Beweis für die Endlichkeit des Kapitalismus aufgefasst.

Diese ergab sich für ihn vielmehr aus einem vierten Faktor: aus der revolutionären Funktion des Proletariats, welches gezwungen sei, gegen die Leiden, die ihm die kapitalistische Entwicklung auferlege, aufzustehen. Die Arbeiterklasse ist für Marx in einem geschichtsphilosophischen und zugleich praktischen Sinn das Subjekt der Weltgeschichte und tritt insofern an den Ort des Weltgeistes in der Hegelschen Philosophie. Hier haben wir es ganz offensichtlich mit einer zentralen Fehlannahme der Marxschen Theorie zu tun. Der Übergang von einer Gesellschaft in die andere wird von Marx so formuliert:

> »Eine Gesellschaftsformation geht nie unter, bevor alle Produktivkräfte entwickelt sind, für die sie weit genug ist, und neue höhere Produktionsverhältnisse treten nie an die Stelle, bevor die materiellen Existenzbedingungen derselben im Schoß der alten Gesellschaft selbst ausgebrütet worden sind. Daher stellt sich die Menschheit immer nur Aufgaben, die sie lösen kann, denn genauer betrachtet wird sich stets finden, daß die Aufgabe selbst nur entspringt, wo die materiellen Bedingungen ihrer Lösung schon vorhanden oder wenigstens im Prozeß ihres Werdens begriffen sind.« (Marx 1969b: 9)

Das Modell, welches Marx hier vor Augen hat, ist die Entwicklung Großbritanniens. Dort bestand bereits im 17. Jahrhundert ein vollständig ausgebildeter Kapitalismus auf agrarischer Grundlage. Er lieferte Wolle für die flandrische Tuchproduktion. Die Klassenstruktur war dreiteilig: Die Grundbesitzer, die Lords, bezogen Grundrente; die Pächter, die middle class, erzielten Profit; und die Landarbeiter bekamen Lohn. Politisch blieben die Adligen die herrschende Klasse, bis sie durch zwei Revolutionen, 1640 und 1688, entmachtet wurden. Nun übernahm die Bourgeoisie (zusammen mit einem ihr angeschlossenen verbürgerlichten Teil des Adels) die Staatsgewalt, und danach erst, in der zweiten Hälfte des 18. Jahrhunderts, setzte sich die Industrielle Revolution durch – aus dem Agrarkapitalismus wurde der Industriekapitalismus.

Marx war offensichtlich davon überzeugt, dass eine nachkapitalistische Gesellschaft auf ähnliche Weise entstehen werde: durch ihre Herausbildung bereits in der kapitalistischen Produktionsweise. Erste Elemente meinte er in der britischen Zehnstundenbill von 1847 und im Genossenschaftswesen zu entdecken: in der ersteren sei das Prinzip des politischen Eingriffs in die kapitalistische Ökonomie zugunsten der Arbeiterklasse anerkannt, und in den Genossenschaften verwirkliche sich der Grundsatz der Selbstorganisation ohne Profit. Allerdings war sich Marx wohl nie völlig klar darüber, welchen Reifegrad die für eine Umwälzung unabdingbare nichtkapitalistische Vergesellschaftung innerhalb des Kapitalismus bereits in seiner eigenen Lebenszeit erreicht hatte. Als Wissenschaftler war er in diesem Punkt zurückhaltender, als politisch Handelnder optimistischer.

Die Herausbildung der neuen Gesellschaft aus der alten war für Marx unvermeidlich ein zentral ökonomisch mit bedingter Vorgang, doch dieser wurde durch einen spezifisch politischen Akt abgeschlossen: die Revolution. Sie war seiner Meinung nach fast niemals als ein friedlicher Übergang denkbar. Dies ergab sich für ihn daraus, dass die bislang herrschenden Klassen sich dem Verlust ihrer Macht gewaltsam widersetzen würden und dass sie hierfür einen Apparat zur Verfügung hatten: den Staat. Dessen Analyse hat Marx viel Aufmerksamkeit zugewandt. Er kam zu dem Ergebnis, dass dieser ein Gewaltinstrument sei, seit dem Absolutismus vor allem eine Exekutive, welche die Herrschaft der ökonomisch dominierenden Klasse – in der Gegenwart der Bourgeoisie – über die Ausgebeuteten (hier: das Proletariat) sichere. Die Körperschaften der politischen Willensbildung seien diesem Zweck ebenfalls ein- und untergeordnet. Im Parlamentarismus äußere sich das unter anderem im Repräsentativsystem, außerdem im Prinzip der Gewaltenteilung, welches es erlaube, dass eine scheinbar unabhängige, in Wirklichkeit aber bürgerliche Justiz etwaige demokratisch gefasste Beschlüsse aufhebe. Herrschaft war für Marx immer identisch mit Staat und dieser mit Diktatur. Letztere beschränkte sich bei ihm nicht auf ein Regime des Ausnahmezustandes, in dem die Exekutive selbständig handelt. Zweifellos liegt hier ein sehr weit gefasster Diktaturbegriff vor.

Über die konkrete Gestalt der nachkapitalistischen Gesellschaft hat Marx keine Angaben gemacht. Das war keine Nachlässigkeit, sondern entsprach der Definition seiner wissenschaftlichen Aufgabe, die im Wesentlichen aus der Kritik der kapitalistischen Produktionsweise bestand.

Erst in einer relativ späten Schrift sah sich Marx 1875 provoziert, doch einmal etwas ausführlicher eigene Vorstellungen von einer künftigen Gesellschaft zu benennen. Dies geschah in einer Kritik des im gleichen Jahr verabschiedeten Gothaer Programms der Sozialistischen Arbeiterpartei Deutschlands.

Dort war die Verteilung des unverkürzten Arbeitsertrags unter alle Gesellschaftsmitglieder gefordert worden. Marx hielt dies für unmöglich, denn es müssten Rücklagen gebildet werden. In diesem Zusammenhang kam er auf die Verteilungsprinzipien auf der ersten Stufe einer auf genossenschaftlicher Grundlage beruhenden Gesellschaft zu sprechen: Jedes Gesellschaftsmitglied erhalte Anweisungen über eine bestimmte Arbeitsmenge, welche es erbracht hat, und nach deren Maßgabe dürfe es aus dem gesellschaftlichen Vorrat Güter entnehmen, deren Herstellung die gleiche Menge gesellschaftlich notwendiger durchschnittlicher Arbeitszeit erfordert habe. Es werde also nach der Leistung entgolten. Erst auf einer späteren Stufe der kommunistischen Gesellschaft werde bei der Verteilung das Leistungs- durch das Bedürfnisprinzip ersetzt: »Jeder nach seinen Fähigkeiten, jedem nach seinen Bedürfnissen.« (Marx 1962: 21)

Für die erste Phase aber kannte Marx lediglich den Grundsatz der Verteilung nach Arbeitsmengen. In den praktischen Versuchen Owens hatte das zum Scheitern geführt, und dies nicht nur aufgrund von persönlichen Zufällen und aufgrund der Dynamik der Industriellen Revolution, sondern aus einem sehr wichtigen theoretischen Grund: Wer Anweisungen auf geleistete Arbeit ausschreibt, für welche Arbeit in anderer Form, zum Beispiel als Konsumgüter, angeeignet werden kann, muss genau messen können, welche Mengen gesellschaftlich notwendiger durchschnittlicher Arbeitszeit in den einzelnen Gütern enthalten sind. Weder die utopischen Kommunisten noch Marx aber haben den Markt als Wertmessungs- und Verteilungsinstanz akzeptiert. Im Gegenteil: dessen Abschaffung erachteten sie als notwendig, denn er abstrahiere individualisierend von der realen gesellschaftlichen Produktion. Eine andere Wertmessungs- und Verteilungsinstanz benannten sie nicht, ließen hier also eine Lücke.

Marx äußerte sich in der »Kritik des Gothaer Programms« auch zur politischen Form der künftigen Gesellschaft. Angestrebt war ein letztlich staatsloser Zustand. Ihm aber müsse die Entmachtung der Bourgeoisie vorausgehen, nämlich durch einen proletarischen Staat, der danach, wenn er seine Aufgabe erledigt habe und überflüssig geworden sei, absterben werde. Herrschende Klasse werde die Arbeiterklasse sein. Wie wir bereits gesehen haben, gebraucht Marx den Begriff der politischen Herrschaft synonym mit dem der Diktatur, deshalb ist für ihn die Herrschaft der Arbeiterklasse zugleich eine Diktatur – die Diktatur der Proletariats, ebenso wie die Herrschaft der Bourgeoisie für ihn selbst dort Diktatur ist, wo sie demokratisch-parlamentarische Formen annimmt. Aus diesen Ausführungen von Marx lässt sich nicht die ausschließliche Notwendigkeit eines undemokratischen Ausnahmeregimes in der Übergangszeit ableiten. Friedrich Engels hat sogar die Pariser Kommune ausdrücklich als Diktatur bezeichnet. Dort aber gab es allgemeines Wahlrecht, Rechenschaftspflicht der Gewählten gegenüber den Wählern (also imperatives Mandat), allerdings auch Aufhebung der Gewaltenteilung – eine Maßnahme, die Marx als durchaus demokratisch ansah. Die Pariser Kommune war nach der Auffassung von Marx und Engels schon ein Staat im Absterben, und deshalb sei sie auch kein richtiger Staat mehr gewesen. Dies begründeten sie damit, dass die Exekutive bereits weitgehend zerschlagen gewesen sei.

Marx' und Engels' Auffassung von der Diktatur des Proletariats war radikaldemokratisch. Der von ihnen verwandte Begriff »Diktatur« täuscht darüber vollständig hinweg. Er wurde von Marx und Engels nicht erfunden, sondern aus der Tradition der französischen Revolution übernommen. Vorläufer waren Gracchus Babeuf und Auguste Blanqui. Zumindest bei Letzterem ist er noch vereinbar mit der Vorstellung von der Herrschaft einer revolutionären Minderheit über die Mehrheit der Bevölkerung mit terroristischen Mitteln. Marx hat sich Anfang der fünfziger Jahre des 19. Jahrhunderts, in seiner Schrift »Die Klassenkämpfe in Frankreich«, ausdrücklich mit Blanquis Diktaturbegriff identifiziert. Als Friedrich Engels 1895 eine Einleitung zu einer neuen Ausgabe dieses Textes veröffentlichte, ist er von dieser Auffassung abgerückt: Moderne Revolutionen seien, so schrieb er, Bewegungen von Bevölkerungsmehrheiten. Mit dieser Tatsache ist das Ziel einer Minderheitsdiktatur nicht länger vereinbar. Es ist davon auszugehen, dass Marx, der bereits 1883 starb, seit der Commune ebenfalls dieser Meinung war. Unter dieser Voraussetzung lässt sich sagen: Die beiden Begründer des Historischen Materialismus haben den Begriff der Diktatur des Proletariats gleichsam demokratisiert. Es gibt keine Verbindung zwischen Marx' und Engels' Auffassung von der Diktatur des Proletariats und dem späteren Stalinismus.

Die Zukunftsvorstellungen in Marx' Kritik des Gothaer Programms sind in seinem Werk randständig: sie sind nicht aus der Analyse der kapitalistischen Gesellschaft entwickelt, sondern lediglich Polemik gegen das Erbe eines konkurrierenden Theoretikers, des Gründers des »Allgemeinen Deutschen Arbeitervereins«, Ferdinand Lassalle. So weit sie konkrete Vorstellungen enthielten, waren diese dem Vorrat der utopischen Kommunisten entnommen: Zukunftskonstruktionen, von denen Marx ansonsten nichts hielt.

Relevanter, weil tatsächlich aus seiner Kritik der Politischen Ökonomie hergeleitet, waren seine über Jahrzehnte hin weiterentwickelten Vorstellungen über das Eigentum.

Beginnen wir mit dem »Manifest der Kommunistischen Partei« (1848) von Karl Marx und Friedrich Engels. Hier heißt es:

> »An die Stelle der alten bürgerlichen Gesellschaft mit ihren Klassen und Klassengegensätzen tritt eine Assoziation, worin die freie Entwicklung eines jeden die Bedingung für die freie Entwicklung aller ist.« (Marx/Engels 1969: 482)

Zunächst fällt – hier noch der Entstehungszeit, dem 19. Jahrhundert, verhaftet – die männliche Fassung auf: »die freie Entwicklung eines jeden« erlaubt nach damaligen Sprachgebrauch nur die Ergänzung: »die freie Entwicklung eines jeden *Mannes*«. Der Inhalt würde sich nicht ändern, wenn stattdessen formuliert würde: »die freie Entwicklung eines jeden *Menschen*«.

In diesem Zitat rangiert das Individuum vor der Gesamtheit aller Gesellschaftsmitglieder. Insofern besteht hier eine Gemeinsamkeit mit dem Liberalismus, für den die freie Entwicklung der Einzelnen der höchste Wert ist. Die Trennung von dieser Doktrin geschah in zwei Punkten:

Die freie Entwicklung der Individuen erfolgt in einer »Assoziation«. Dies ist umstandslos zu übersetzen als: Genossenschaft.

Bei Karl Marx und Friedrich Engels ist die freie Entwicklung der einzelnen als Bedingung für die freie Entwicklung aller unvereinbar mit dem Privateigentum an den Produktionsmitteln:

> »Aber das moderne bürgerliche Privateigentum ist der letzte und vollendetste Ausdruck der Erzeugung und Aneignung der Produkte, die auf Klassengegensätzen, auf der Ausbeutung

> der einen durch die andern beruht. In diesem Sinn können die Kommunisten ihre Theorie in dem einen Ausdruck: Aufhebung des Privateigentums, zusammenfassen.« (Ebd.: 475)

Allerdings ist hier noch nichts darüber gesagt, wodurch denn das aufgehobene Privateigentum ersetzt werden kann. Marx und Engels haben das Problem selbst benannt: »Was den Kommunismus auszeichnet, ist nicht die Abschaffung des Eigentums überhaupt, sondern die Abschaffung des bürgerlichen Eigentums.« (Ebd.)

Die Gleichung Assoziation = Genossenschaft gibt eine Richtung an, ist aber nicht konkret. Dies konnte aufgrund der anti-utopischen Denkweise von Marx und Engels auch gar nicht anders sein: Zukunft war nicht vorwegzunehmen.

Offenbar aber war damals, 1848, an eine Phase gedacht, in der die Eigentumsfrage mit der Staatsfrage verbunden sein würde:

> »Wir sahen schon oben, dass der erste Schritt in der Arbeiterrevolution die Erhebung des Proletariats zur herrschenden Klasse, die Erkämpfung der Demokratie ist.
>
> Das Proletariat wird seine politische Herrschaft dazu benutzen, der Bourgeoisie nach und nach alles Kapital zu entreißen, alle Produktionsinstrumente in den Händen des Staats, d.h. des als herrschende Klasse organisierten Proletariats, zu zentralisieren und die Masse der Produktionskräfte möglichst rasch zu vermehren.« (Ebd.: 481)

Die zehn »Maßregeln«, die in den fortgeschrittensten Ländern nach der Revolution in Anwendung kommen sollten, zeigen den Staat vor allem als wirtschaftlichen Akteur. (Ebd.) In der »Inauguraladresse der Internationalen Arbeiterassoziation« von 1864 werden Vergesellschaftungsprozesse im Kapitalismus genannt: die »gesetzliche Beschränkung der Arbeitszeit« – noch durch den bürgerlichen Staat! – schränkt die Verfügung der Unternehmer über ihr Privateigentum an Produktionsmitteln und fremder Arbeitskraft ein, die »Kooperativbewegung« brachte bereits eine erste Form der »assoziierten Arbeit« hervor. (Marx 1968/16: 11 f.)

Folgende Äußerung von Marx 1871 löste die bisherige Verbindung von Staat und einer ersten Form des Nicht-Privateigentums auf: »Aber die Arbeiterklasse kann nicht die fertige Staatsmaschinerie einfach in Besitz nehmen und diese für ihre eigenen Zwecke in Bewegung setzen.« (Marx 1968/17: 336) Die Staatsmaschine müsse sofort zerbrochen werden. Damit fällt ihre wirtschaftspolitische Funktion in der noch 1848 skizzierten Form weg und wird durch andere Formen der öffentlichen Gewalt ersetzt, als deren Merkmale Marx imperatives Mandat, Abberufbarkeit der Gewählten und Aufhebung der Gewaltenteilung nannte – Merkmale, die auch die Räte in Russland 1905 und 1917 aufwiesen. Welche Arten des Eigentums mit diesen neuen politischen Mitteln durchgesetzt werden, ist anhand der Pariser Kommune nicht behandelt worden. In den nur zwei Monaten ihrer Dauer hatte diese – anders als in der Staatsfrage – hierfür kein Anschauungsmaterial geliefert.

Marx und Engels waren nicht nur Theoretiker, sondern auch praktische Politiker, deren Aktivitäten allerdings je nach der aktuellen politischen Situation variierten: auf Phasen ausschließlich theoretischer Arbeit folgte starkes organisatorisches Engagement, das danach wieder durch gelehrte Tätigkeit abgelöst werden konnte. 1847 war vor allem Engels bei der Umformung des utopisch-kommunistischen »Bundes der Gerechten« (einer Organisation, in der sich insbesondere deutsche Handwerksgesellen in der Schweiz, in Frankreich und Großbritannien gesammelt hatten) zum »Bund der Kommunisten« beteiligt. Dessen Programm war das 1848 gemeinsam mit Marx verfasste »Manifest der Kommunistischen Partei«

(Kommunistisches Manifest). Die Organisation entfaltete über die Revolutionsjahre hinweg kaum eine weitere Wirksamkeit und fiel in Deutschland während der fünfziger Jahre unter die von den Behörden des Deutschen Bundes verhängte Repression kommunistischer und sozialistischer Gruppen sowie das so genannte »Verbindungsverbot«, welches die überregionale Zusammenfassung politischer Vereine untersagte. Der 1863 erfolgten Gründung des »Allgemeinen Deutschen Arbeitervereins« (ADAV) durch Ferdinand Lassalle standen Marx und Engels reserviert gegenüber: vor allem wegen der auf eine Person orientierten zentralistischen Organisation und wegen Lassalles Versuch, den preußischen Staat bei der Gründung von »Produktivassoziationen mit Staatskredit« positiv einzubeziehen. In der 1864 geschaffenen »Internationalen Arbeiter-Assoziation« (IAA, »Erste Internationale«) dagegen hatten die beiden Theoretiker des Historischen Materialismus eine vor allem konzeptionell führende Bedeutung. Hier war, wenngleich auf einer schwachen organisatorischen Basis, die Gesamtheit der damaligen Arbeiterbewegung vertreten. Der große Aufbruch für Sozial- und Wahlreform Großbritanniens, der Chartismus, war zwar Ende der vierziger Jahre – nach der Erkämpfung des Zehnstundentages – beendet, doch mehrere Gewerkschaften dieses Landes beteiligten sich an der »Internationalen«. Hier fanden sich auch Anhänger Proudhons und Blanquis. Anfang der siebziger Jahre hatte Letzterer praktisch die Mehrheit in der Internationalen Arbeiterassoziation gewonnen. Deren Leitungsorgan, der Generalrat, dessen Zusammensetzung ein noch älteres, inzwischen überholtes Kräfteverhältnis ausdrückte, entzog sich einer Übernahme der Organisation durch Bakunin, indem er 1872 seinen Sitz nach New York verlegte. Dies war das faktische Ende der Internationale, die formell erst 1876 aufgelöst worden ist.

2. Organisierter Kapitalismus und national verfasste Arbeiterbewegungen 1873–1914

Spätestens mit dem Ausbruch einer Weltwirtschaftskrise 1873 endete in den bis dahin bereits entwickelten kapitalistischen Ländern die Industrielle Revolution. (In Großbritannien war sie bereits um 1850 abgeschlossen.) Es folgte die so genannte Große Depression (bis ca. 1895), auf die eine Periode eines zyklenübergreifenden Wachstums (bis 1914) folgte. Nach der ungeregelten Konkurrenz entstand in mehreren Ländern nun ein Organisierter Kapitalismus: Kartelle und Monopole teilten die Märkte untereinander auf und nahmen Einfluss auf den Staat, der seinerseits in das Wirtschaftsleben eingriff, zum Beispiel mit Schutzzöllen oder durch die Schaffung von Patentrecht. Da auch die entlohnte Arbeitskraft Teil des Kapitals ist, wurde sie in vielfältiger Weise in dessen Organisation einbezogen; durch Arbeiterschutzgesetze, Alters-, Kranken- und Unfallversicherung sowie durch öffentliche Infrastruktur, die ihre Entwicklung und Erhaltung fördern sollte. Dies geschah auf der Ebene der Gesamtstaaten (wie zum Beispiel die britische Zehnstundenbill 1847 und die Einführung der Sozialversicherungen in Deutschland), aber auch in den Kommunen. Eisenbahnen wurden verstaatlicht, private Versorgungsbetriebe sind oft von den Gemeinden übernommen worden. In Großbritannien sprach man halb scherzhaft, halb im Ernst von einem »Gas- und Wassersozialismus«. (Seit den achtziger Jahren, verstärkt nach der Jahrhundertwende, weithin allerdings erst im und nach dem Ersten Weltkrieg kamen öffentlich betriebene Elektrizitätswerke hinzu.) Auch unter konservativen Stadtverwaltungen (wie z. B. in Wien) wurde der kommunale Wohnungsbau vorangetrieben. In Paris diente eine »Bourse du Travail« der Arbeitsvermittlung.

Unternehmer und abhängig Beschäftigte waren in der Selbstverwaltung der deutschen Sozialversicherungen paritätisch vertreten.

Die Veränderung, die der Kapitalismus durchlief, wurde später als seine »Große Transformation« (Polanyi 1978) bezeichnet.

Treibende Kraft war dabei auf den ersten Blick der Staat: Bessere Gesundheitsversorgung diente u. a. auch militärischen Zwecken (vorher waren Rekruten oft in einem Zustand zur Musterung erschienen, der sie als wehruntauglich auswies). Hinzu kam die Absicht zu politischer Prävention. Bismarcks Sozialgesetzgebung z. B. hatte unter anderem den Zweck, den Einfluss der Sozialdemokratie zu begrenzen. Hinzu kam staatliche Förderung überseeischer Expansion, die auch den Lohnarbeitenden zunächst zugute zu kommen schien: der Bau von Dampfern, die die Verbindung zu den Kolonien aufrechterhalten sollten, wurde subventioniert. Da hierdurch Arbeitsplätze geschaffen worden sind, ist dies bis in die Reihen der Gewerkschaften hinein zuweilen gern akzeptiert worden.

Die Organisierung der Arbeitskraft erfolgte auf drei Ebenen:

Erstens durch die Unternehmer in den Betrieben selbst. Das war nichts Neues.

Zweitens durch staatliche Gesetzgebung, soweit sie die Beziehungen zwischen Kapitalisten und abhängig Arbeitenden regelte oder Bestimmungen über öffentliche Infrastruktur, die auch die Arbeitskraft betraf, erließ.

Drittens durch die Arbeiterinnen und Arbeiter selbst: in Gewerkschaften und Parteien. Soweit diese Machtfaktoren waren, reagierte die Staatsgewalt auf sie – sei es mit Repression, sei es mit Zugeständnissen.

In dem Maße, in dem der Kapitalismus sich national organisierte, folgte ihm letztlich darin auch die Arbeiterbewegung, wenngleich sie immer wieder einmal ihren internationalen Charakter betonte.

In Großbritannien war die Chartistenbewegung 1848 an ihr Ende gekommen. Die Gewerkschaften nahmen in den folgenden Jahren einen deutlich sozialfriedlichen Charakter an. Dies hatte zwei Ursachen:

1. Sie organisierten vor allem Gelernte, die besser entlohnt wurden als die Ungelernten.

2. So lange Großbritanniens Überlegenheit auf dem Weltmarkt nicht angefochten war, lagen die Löhne dort über denjenigen anderer Länder. Oft bezogen britische Unternehmen noch eine Art Monopolprofit, der es ihnen ermöglichte, davon Abstriche zugunsten der Belegschaften zu machen, z. B. wenn die Auftragslage dies geboten erscheinen ließ. 1867 war das Wahlrecht auf den größten Teil der männlichen Arbeiter ausgedehnt worden. Die Lohnabhängigen waren als Wähler für die beiden großen Parteien interessant, ein »Parliamentary Committee« der Gewerkschaften handelte mit der Liberalen Partei sichere Sitze für Arbeiterkandidaten aus. Die Fabian Society, ein Intellektuellenzirkel, entwarf Konzepte für eine Kombination von Reformmaßnahmen, die einen friedlichen Weg in den Sozialismus ermöglichen sollten. Mit dem Verlust des britischen Industriemonopols dynamisierte sich die Arbeiterbewegung wieder (seit Ende der achtziger Jahre): im »New Unionism« organisierten sich die Ungelernten (zum Beispiel nach dem Streik der Londoner »Matchgirls« 1888 und der Arbeiter im Londoner Eastend 1889). 1893 wurde die »Independent Labour Party« gegründet. 1900 ging aus ihrem Zusammenwirken mit der Fabian Society und den Gewerkschaften die

Labour Party hervor. Ihre Aufgabe war im Wesentlichen die parlamentarische Absicherung der Kartellierung der Arbeitskraft durch die Gewerkschaften.

In Frankreich war mit dem Fall der Commune die Arbeiterbewegung zerschlagen. 1879 aber wurde eine Fédération du Parti des Travailleurs Socialistes gegründet. Die Anhänger Blanquis sammelten sich 1881 in einem Comité Révolutionnaire, 1882 spaltete sich die Fédération du Parti des Travailleurs Socialistes in die so genannten »Possibilisten« unter der Führung von Paul Brousse und die Marxisten mit Jules Guesde und Paul Lafargue an der Spitze. Erstere waren oft ehemalige Bakunin-Anhänger, die sich jetzt zu einer Politik der schrittweisen Reformen bekannten. In den neunziger Jahren wandten sich einige Vertreter der »radicaux« (der »Radikalen«) – einer Richtung innerhalb der bürgerlichen Republikaner – dem Sozialismus zu, darunter der prominente Anwalt Alexandre Millerand. Als er 1899 in eine bürgerliche Regierung eintrat, hatte er dazu nicht das Mandat seiner Partei. Er schied in der Folgezeit ebenso aus der sozialistischen Bewegung aus wie Aristide Briand, der 1909 Ministerpräsident wurde. Der »Fall Millerand« löste heftige Debatten in der internationalen sozialistischen Bewegung aus. (Völlig unspektakulär dagegen war später die Übernahme der Regierung in Australien durch die nichtsozialistische Labour Party.) 1905 vereinigte sich der bis dahin in viele verschiedene Gruppen gespaltene französische Sozialismus zur »Section Française de l'Internationale ouvrière« (SFIO). Dieser Partei gehörten neben Marxisten und Blanquisten weiterhin Anhänger einer ausschließlichen Reformpolitik an, deren prominentester Vertreter Jean Jaurès wurde. Starken Einfluss hatte in Frankreich daneben der antiparlamentarische revolutionäre Syndikalismus.

Die nach außen hin am meisten beachtete Entwicklung durchlief in den Jahrzehnten vor dem Ersten Weltkrieg die deutsche Sozialdemokratie. Auf Lassalles Gründung des Allgemeinen Deutschen Arbeitervereins 1863 folgte 1869 die Sozialdemokratische Arbeiterpartei unter Führung von August Bebel und Wilhelm Liebknecht. Sie war eng mit den Gewerkschaften, die sich gleichzeitig entwickelten, verbunden. 1875 vereinigten sich beide in der Sozialistischen Arbeiterpartei Deutschlands (SAPD), die 1878 verboten wurde. Ihre Mitglieder konnten aber bei Reichstagswahlen weiterhin als Einzelkandidaten antreten und hatten zunehmend Erfolg. Nachdem 1890 das Sozialistengesetz fiel, wurde die Sozialdemokratische Partei Deutschlands, wie sie sich ab 1891 nannte, organisatorisch und vielfach auch theoretisch zum Vorbild für die zahlreichen Parteien, die mittlerweile in nahezu allen Ländern Europas (aber auch außerhalb: Japan) gegründet worden waren. Dies galt ebenso für das marxistische Programm, das sie sich 1891 auf einem Parteitag in Erfurt gab. Hier war das Selbstverständnis einer Arbeiterbewegung wiedergegeben, die sich international als »Sozialdemokratie« (Erkämpfung des Sozialismus mit den Mitteln der Demokratie) definierte. Dagegen gab es teilweise starke anarchistische Opposition vor allem in den romanischen Ländern.

Seit 1896 wurde in der SPD ein Streit ausgetragen, in dem sich eine Spaltungstendenz, die vorher auch außerhalb Deutschlands längst angelegt war und erst im 20. Jahrhunderts voll zum Ausbruch kam, ankündigte:

Friedrich Engels, der als Berater der internationalen Arbeiterbewegung eine große internationale Wirkung ausübte, hatte 1895 eine Art politisches Testament veröffentlicht – die Einleitung zur Neuauflage der Schrift »Die Klassenkämpfe in Frankreich« von Karl Marx (1850). Hier reflektierte er die Tatsache, dass es insbesondere der deutschen Sozialdemokratie gelungen war, sich innerhalb der Institutionen der bürgerlichen Gesellschaft (Parlamente, Vertretungskörperschaften der Sozialversicherungen) zu behaupten. Für ihn war dies ein Gradmesser gesellschaftlicher Stärke, gegen den die traditionellen Machtmittel des Staates bislang nichts auszurichten vermochten. Ein gewaltsamer Schlag gegen die Arbeiterbewegung hatte laut Engels desto weniger Chancen, je länger er durch die legale Kraftentfaltung der Arbeiterbewegung hinausgeschoben werden konnte. Falls die Bourgeoisie letztlich doch zu diesem Mittel greife, könne in der dann unvermeidlichen Auseinandersetzung die revolutionäre Partei siegen.

Engels engster Mitarbeiter in dessen letzten Jahren war Eduard Bernstein (1850–1932). 1896 veröffentlichte er eine Artikelreihe, die 1899 in dem Buch »Die Voraussetzungen des Sozialismus und die Aufgaben der Sozialdemokratie« (Bernstein 1977) zusammengefasst wurde. Hier revidierte (»Revisionismus«) er mehrere Annahmen und Folgerungen der Theorie von Marx und Engels. Er unterstellte ihnen eine Zusammenbruchstheorie, die der tatsächlichen Entwicklung des Kapitalismus nicht gerecht werde. Damit verändere sich auch die Perspektive des Sozialismus. Dieser könne nicht mit einer Revolution, sondern mit einer Durchdringung der bisherigen Eigentumsverhältnisse durch Demokratisierung mithilfe der Parlamente, Genossenschaften, gewerkschaftliche Politik und das Wirken der Arbeiterbewegung in den Kommunen erreicht werden. Er sei kein Endziel, sondern eine Bewegung mit einer ständigen Aufgabe.

Rosa Luxemburg, die Ende der neunziger Jahre des 19. Jahrhunderts in Deutschland zu arbeiten begann, trat

Bernstein mit ihrer Schrift »Sozialreform oder Revolution?« entgegen. Die SPD lehnte auf ihren Parteitagen die Position Bernsteins mehrheitlich ab. Da in den Landtagen (anders als im Reichstag) noch kein allgemeines Wahlrecht bestand, erschien seine Strategie nicht realistisch. In diesen Grenzen betrieb die Partei aber im Wesentlichen die von ihm beschriebene Tagespolitik, die vor allem dem Kurs der Gewerkschaften entsprach. Der »offizielle« Theoretiker der Partei, Karl Kautsky (1854–1938), wandte sich ebenfalls gegen Bernstein und blieb bei den revolutionären Grundsätzen, allerdings ohne Vermittlung zur realen Tätigkeit. (Kautskyanismus).

Von der Entwicklung, die die Sozialdemokratie in Nord-, Mittel-, West- und Südeuropa nahm, unterschieden sich deutlich zwei Länder: Russland und die Vereinigten Staaten von Amerika.

Das Zarenreich durchlief eine nachholende industrielle Entwicklung, die erst mit der Bauernbefreiung 1861 voll eingesetzt hatte. Politisch blieb der Zarismus ein absolutistisches Regime. Das Proletariat war klein, in wenigen Städten, darunter Moskau und St. Petersburg, konzentriert, die überwältigende Masse der Bevölkerung lebte auf dem Land. Die Aufhebung der Leibeigenschaft hatte den Bauern zwar die persönliche Freiheit gebracht, aber keine wirtschaftliche Besserung. Viele von ihnen hatten keinen oder nur wenig eigenen Boden. Sie bildeten die Dorfarmut, deren Mitglieder sich bei den adligen Großgrundbesitzern und bei einigen reicheren Bauern als schlecht bezahlte und unständig beschäftige Lohnarbeiter(innen) verdingen mussten.

Einen wichtigen politischen Faktor bildete spätestens seit der zweiten Hälfte des 19. Jahrhunderts die radikale Intelligenz in ihrem Verhältnis zur Bauern- und Arbeiterschaft. Eine Richtung – die »Volkstümler« – setzte auf eine Weiterentwicklung des in Russland noch vorhandenen ländlichen Gemeineigentums (des »Mir« oder der »Obschtschina«). Die 1898 gegründete »Sozialdemokratische Arbeiterpartei Russlands« spaltete sich 1903 auf einem Auslandsparteitag, der in Brüssel begann und in London fortgesetzt wurde. Unter Führung von Wladimir Iljitsch Uljanow, genannt Lenin (1870–1924), gaben sich die »Bolschewiki« (der Mehrheitsflügel) ein Statut, wonach nur aktive Kader Mitglieder der Partei sein sollten. Unter den Bedingungen der Illegalität verpflichteten sie sich auf den so genannten »Demokratischen Zentralismus«, der von ihnen strikte Unterordnung unter die gefassten Beschlüsse und die von unten nach oben gewählte Leitung verlangte. Die »Menschewiki« (Theodor Dan und Julius Martow) vertraten ein offeneres Organisationskonzept.

1905 brach in Russland eine Revolution aus: gegen die zaristische Autokratie und das soziale Elend, welches im russisch-japanischen Krieg (1904/05) noch gesteigert worden war. Als Form der Selbstorganisation der Aufständischen entstanden »Räte« (»Sowjets«), in denen das Prinzip der direkten Demokratie, wie es nach Auffassung von Marx bereits in der Commune 1871 praktiziert wurde, erneut durchbrach. 1906 wurde diese erste russische Revolution niedergeschlagen.

In den USA wurde eine Bewegung für den Achtstundentag brutal niedergeschlagen. Als am 4. Mai 1886 auf dem Haymarket in Chicago kurz vor dem Ende einer Arbeiterversammlung eine Bombe gegen Polizisten geworfen wurde, die sieben von ihnen tötete, wurde diese Tat, deren wahre Urheber nie bekannt wurden, den Anarchisten zugerechnet. In einem offensichtlichen Willkürurteil sind sieben Angeklagte zum Tod verurteilt worden. Zwei von ihnen wurden zu lebenslänglicher Haft begnadigt, einer beging Selbstmord, vier wurden hingerichtet. Danach kam die revolutionäre Arbeiterbewegung in den USA für fast zwei Jahrzehnte weitgehend zum Erliegen. Eine zeitweilige Belebung zeigte sich nach der Jahrhundertwende: 1905 wurde in Chicago die Gewerkschaft »International Workers of the World« (IWW) gegründet. 1912 erzielte der Sozialist Eugene V. Debs bei der Präsidentschaftswahl sechs Prozent der Stimmen. Aber insgesamt blieb eine radikale Arbeiterbewegung in den Vereinigten Staaten – anders als in Europa – randständig. Sie erfasste stets nur Teile der Arbeiterklasse, gewöhnlich nicht die alteingesessenen Facharbeiter, sondern Eingewanderte sowie Ungelernte und meist in regionaler Begrenzung. Ausschlaggebend war die Tatsache, dass mit der fortwährenden Immigration die Konkurrenz unter den Lohnabhängigen fortdauerte, zumal diese ethnisch und durch Rassismus segmentiert blieben.

Nach dem Tod von Karl Marx und Friedrich Engels trat die marxistische Theorie in eine Phase der propagandistischen Ausbreitung ein, die kaum noch mit Innovation verbunden war. Eine Weiterentwicklung brachte allerdings 1910 Rudolf Hilferdings Werk »Das Finanzkapital«. (Hilferding 1968) Er kam hier zu dem Ergebnis, dass der Kapitalismus ein neues Stadium erreicht habe. Dieses sei durch Monopolbildung in der Industrie und im Bankwesen und durch bestimmenden Einfluss der Banken auf die Industrie gekennzeichnet. Den aus Industrie und Banken bestehenden Komplex bezeichnete Hilferding als »Finanzkapital«. Die Monopole sicherten sich im jeweiligen Inland hohe Extraprofite, die sie durch Ausweitung ihres Einflussbereiches über die nationalen Grenzen hinaus zu vergrößern trachteten. Dies führe zu internationalen Konfrontationen und damit zur Kriegsgefahr. Hilferding gibt hier einen Erklärungsversuch für den Imperialismus – so wurde spätestens nach dem Erscheinen des Buches »Der Imperialismus« (Hobson 1970) des britischen Liberalen John A. Hobson (1902) von einem großen Teil der wissenschaftlichen und publizistischen Literatur (keineswegs nur der marxistischen) das damalige internationale System der entwickelten Länder bezeichnet. Nach Hilferdings Auffassung stellte das Finanzkapital einen solch hohen Grad innerkapitalistischer Vergesellschaftung dar, dass es eine Voraussetzung des Sozialismus sei: der Kapitalismus funktioniere nicht mehr allein nach Maßgabe des Konkurrenzverhaltens der einzelnen Privateigentümer, sondern diese kooperierten unter dem Zwang der insbesondere von den Banken vermittelten Verflechtungen zwischen den Unternehmen, wobei in wachsendem Maße staatliche Institutionen – zum Beispiel in der Zollpolitik – effektives wirtschaftliches Handeln ermöglichen mussten. Die Inbesitznahme der Berliner Großbanken könne schon ein wichtiger Schritt auf dem Weg zum Sozialismus sein. Damit schien in Hilferdings eigener Gegenwart das von Marx 1859 genannte Kriterium für eine Umwälzung gegeben: die Herausbildung der neuen Gesellschaft noch in der alten. Die Schlussfolgerung lag nahe, dass der Übergang von der einen in die andere auf nicht-gewaltsame Art und Weise möglich sein könne.

Einen zweiten Versuch einer marxistischen Imperialismustheorie stellte Rosa Luxemburgs 1913 erschienenes Buch »Die Akkumulation des Kapitals« (Luxemburg 1985) dar. Sie bemühte sich dort um den Nachweis, dass der Kapitalismus nur so lange Bestand haben könne, wie es nichtkapitalistische Bereiche gebe, in die er zu expandieren vermöge. Sobald diese nicht mehr vorhanden seien, könne der ständig neu produzierte Mehrwert nicht länger realisiert werden. Allerdings sei bereits der Weg zu diesem äußersten historischen Punkt innerhalb des Kapitalismus mit so großen Leiden breiter Massen verbunden, dass diese wahrscheinlich schon vorher ein solches System gewaltsam beseitigen würden. Der zeitgenössische Imperialismus war für Rosa Luxemburg ein Produkt der Konflikte zwischen den auf Expansion angewiesenen nationalen Kapitalien, durch welche auch sie eine unmittelbare Kriegsgefahr gegeben sah.

Vom 14. bis zum 21. Juli 1889 trafen sich Vertreterinnen und Vertreter von Gewerkschaften und sozialistischen Parteien aus Europa und Nord- und Südamerika in Paris zu einem internationalen Sozialistenkongress, zu dessen Vorbereitung Friedrich Engels (der nicht selbst anwesend war) beigetragen hatte. Die Eröffnung war am hundertsten Jahrestag des Beginns der französischen Revolution von 1789. Seit Mai 1889 fand in Paris schon eine industrielle Weltausstellung statt. Eine Hauptforderung, die dort erhoben wurde, war der Achtstundentag. Für dieses Ziel sollte an jedem 1. Mai international öffentlich eingetreten werden, wobei es den Arbeiterorganisationen je nach den nationalen Besonderheiten überlassen blieb, in welcher Weise (Demonstrationen, andere Veranstaltungen, Streik) dies geschehen solle.

Internationale Sozialistenkongresse wurden im Abstand von jeweils einigen Jahren bis 1914 abgehalten. Die teilnehmenden Organisationen – seit 1903 auch die sozialistische Partei Japans – bildeten die so genannte Sozialistische Internationale (»Zweite Internationale«), die sich 1900 ein koordinierendes »Internationales Sozialistisches Büro« gab. Auf den ersten Kongressen widersetzte sich eine anarchistische Minderheit der Orientierung auf parlamentarischen Kampf, sie wurde 1896 ausgeschlossen. Seit der Jahrhundertwende war die Frage des politischen Streiks (Generalstreik), danach das Problem der Verhinderung eines drohenden Krieges zentrales Thema der Kongresse.

Die Zweite Internationale war lediglich ein lockerer Zusammenschluss. Ihre Mitgliedsparteien zogen ihren Masseneinfluss aus den Möglichkeiten für die Interessenvertretung der Arbeiterklasse im Rahmen der jeweiligen Nationalstaaten. Dies galt umso mehr, je stärker dort schon Institutionen hierfür ausgebildet waren (Parlamente, Sozialversicherungen). Trotz ihrer internationalistischen Bekenntnisse war die Arbeiterbewegung der am höchsten entwickelten kapitalistischen Länder in dieser Phase der kapitalistischen Entwicklung nach dem Ende der Industriellen Revolution zwar nicht offiziell ideologisch, aber in ihrer praktischen Politik nationalisiert. Dies zeigt sich ab 1914 in der Haltung ihrer Führungsgruppen und Apparate zum Ersten Weltkrieg. Mit wenigen Ausnahmen stellten sich die sozialdemokratischen Parteien und die Gewerkschaften hinter ihre jeweiligen Regierungen. Ihre Führungen sahen die Chance, durch Kooperation ökonomische und politische Zugeständnisse erreichen zu können. Teile der Mitgliedschaft wurden durch patriotische Mobilisierung mitgerissen.

3. Sozialismus im Krisenkapitalismus 1914–1918

Verstehen wir Sozialismus als die Verfügung einer Gesellschaft über die Produktions- und Zirkulationsmittel sowie über die Erbringung von Dienstleistungen durch den planenden, organisierenden und verteilenden Einsatz von politischen Institutionen und/oder als ein untergeordnetes

Organisationsprinzip in der kapitalistischen Gesellschaft, dann ergibt sich für den Ersten Weltkrieg die folgende – zunächst paradox erscheinende – Situation:

1. Dieser Krieg war ein imperialistischer Krieg nach den Definitionen von Rudolf Hilferding, John A. Hobson, Rosa Luxemburg und Wladimir I. Lenin, der 1917 in seiner Schrift »Der Imperialismus als höchstes Stadium des Kapitalismus« (Lenin 1961) dies ausführlich entwickelt hatte.

2. Die beteiligten Staaten mussten dafür ein Höchstmaß an Kontrolle über die gesellschaftlichen Ressourcen, deren Lenkung und planmäßigen Einsatz aufwenden. Kapitalistisches Eigentum und gewaltige kapitalistische Profite verbanden sich mit politischer Verfügung und damit Einschränkung der privatkapitalistischen Dispositionsmöglichkeiten. Als in Deutschland 1917 der Wohnraum kontingentiert wurde, sprach der sozialdemokratische Publizist Ludwig Quessel von »Kriegssozialismus«. Dieser bestand einerseits in einer volksgemeinschaftlichen Mobilisierung für – scheinbar oder tatsächlich – klassenübergreifende nationale Zwecke, andererseits in einer Ausdehnung der Befugnisse der Öffentlichen Hände zur Unterstützung der Kriegsziele und zur Ersetzung von zeitweilig beeinträchtigten Marktfunktionen. Zum Beispiel legten sich Städte vermehrt Eigenbetriebe für die Bereitstellung von Waren des täglichen Bedarfs zu.

Dieser zweite Aspekt bestimmte die Haltung der schon lange vorher nationalisierten sozialdemokratischen Parteien, die in ihrer übergroßen Mehrheit den Krieg unterstützten. (Ausnahmen waren die sozialistische Partei Italiens, die britische Independent Labour Party [die damit in Opposition zur Mehrheit der Labour Party stand], die linken Menschewiki, die Bolschewiki, die serbische Sozialdemokratie und ab Dezember 1914 zunächst Karl Liebknecht, danach eine Minderheit in der deutschen Reichstagsfraktion)

In die Organisation der Kriegsproduktion und die Verteilung der Arbeitskraftressourcen wurden die Gewerkschaften einbezogen, Sozialisten traten in die Kriegskabinette ein. In Deutschland spaltete sich 1917 die SPD. Ihr Mehrheitsflügel verfolgte einen Kurs der Kooperation, der ihm Zugang zur staatlichen Macht, Parlamentarisierung des Reiches und das allgemeine Wahlrecht auf Länderebene sichern sollte und zum Verzicht auf eigenständige Interessenvertretung und zur Unterordnung unter die Regierungspolitik führte.

Die Kriegswirtschaft bestimmte das Sozialismusbild auch über den Friedensschluss von 1919 hinaus. Wenn Marx und Engels einst davon ausgegangen waren, im »Verein freier Menschen« werde planmäßig gewirtschaftet, dann bedeutete dies für sie lediglich die bewusste Anwendung gesellschaftlicher Rationalität. Nunmehr verband sich die Vorstellung von »Planwirtschaft« mit Kommandowirtschaft, Reglements und Direktiven. Insofern haben die beiden Weltkriege – vor allem aber der Erste – das Bild des Sozialismus nachhaltig verändert, und zwar nicht nur dort, wo erstmals in der Geschichte für Jahrzehnte eine große sozialistische Volkswirtschaft entstand (in Sowjetrussland), sondern auch für die meisten der untergeordnet bleibenden sozialistischen Subsysteme in den nach wie vor kapitalistischen Ländern: Sozialismus erschien oftmals in erster Linie als Staatswirtschaft. Dabei blieben die Sozialismusvorstellungen (auch in der Stalinschen Sowjetunion) weiterhin an der Hebung des materiellen und soziokulturellen Niveaus der Volksmassen sowie der Friedenssicherung orientiert.

4. Sowjetrussland 1917–1945

In der gesellschaftlichen Entwicklung Russlands hatte die Doppelrevolution des Jahres 1917 (im Februar und im Oktober – nach westlichem Kalender im März und November) dieselbe Stellung wie die Revolution von 1848 in Mittel-, West- und Südeuropa: als Umwälzung innerhalb einer Industriellen Revolution, die stattfand, weil die überkommenen politischen Strukturen den neuen ökonomischen Anforderungen nicht mehr entsprachen. Hier geschah dies zwei Generationen später, da die Industrielle Revolution in diesem Land erst mit der Bauernbefreiung begonnen hatte. Folgende Besonderheiten kamen hinzu:

1. Der Staatsapparat war infolge des – bereits 1917 weitgehend verlorenen – Krieges nachhaltig erschüttert.
2. Die Bourgeoisie war eine nur schmale, nicht hegemoniefähige Klasse, die die Macht, welche ihr im Februar zugefallen war, nicht auf Dauer behaupten konnte.
3. Die Mehrheit der Bevölkerung bildeten die landlosen und landarmen Bauern. Sie verfügten nicht über strategiefähige Organisationen.
4. Das Proletariat war zahlenmäßig schwach, aber immerhin in einigen bedeutenden Städten (Petrograd, Moskau) konzentriert. Die bolschewistische Partei war hier gut verankert.

Im Machtvakuum, das nach der Februarrevolution entstanden war, etablierte sich eine Doppelherrschaft: auf der einen Seite die schwache bürgerliche Regierung, auf der anderen Seite die Räte (Sowjets). Unter letzteren hatte der Sowjet von Petrograd, der sich am Regierungssitz befand und von der Arbeiterschaft getragen wurde, besonders große Bedeutung.

Den Bolschewiki gelang es, in einem bewaffneten Aufstand, der von Leo D. Trotzki militärisch und von Wladimir I. Lenin politisch geleitet wurde, am 7. November 1917 die bürgerliche Regierung zu stürzen und durch einen Rat der Volkskommissare zu ersetzen.

Für Lenin und Trotzki war die russische Revolution nur der vorweggenommene erste Schritt einer Weltrevolution, deren Zentrum allerdings in den hochentwickelten Ländern des Westens liegen musste. Ohne diese war sie ihrer Auffassung nach verloren. In seiner 1916 verfassten, 1917 veröffentlichen Schrift über den Imperialismus meinte Lenin den Beweis führen zu können, dass die führenden kapitalistischen Staaten den revolutionären Reifegrad erreicht hätten: Er stützte sich hier im Wesentlichen auf die Vorarbeiten von Hobson und – was die ökonomischen Abschnitte anging – Hilferding. Wie dieser konstatierte Lenin einen bereits weit vorangeschrittenen Stand der innerkapitalistischen Vergesellschaftung, welcher den Übergang zum Sozialismus nicht nur möglich, sondern auch notwendig mache. Er ging in seiner Analyse in zwei Punkten über Hilferding hinaus:

Erstens: Die innerkapitalistische Vergesellschaftung betreffe nicht nur die Zirkulation, sondern auch die Produktion.

Zweitens: Der Übergang werde, angesichts der Stärke des bürgerlichen Repressionsapparates, notwendig gewaltsam sein. Hierzu hatte sich Hilferding nicht geäußert.

Was den ersten Punkt angeht, so hat Lenin in Wirklichkeit kein Material vorgelegt, das eine Vergesellschaftung in der Produktion hätte beweisen können. Die Beispiele, die er nennt, betreffen nur den Vertrieb.

Im Lichte späterer Erfahrungen werden zwei weitere Einwände gegen Lenins Prognose gemacht werden müssen:

Einmal ist innerkapitalistische Vergesellschaftung offenbar kein irreversibler Vorgang: sie kann wieder rückgängig gemacht werden. Dies muss nicht unbedingt gewaltsam geschehen, im Zuge politischer Reaktion. Es kann auch aufgrund derselben innerkapitalistischen Effizienzkriterien erfolgen, die ansonsten auch einmal zu zeitweiliger Vergesellschaftung zu führen vermögen.

Weiterhin ist zu fragen, ob Vergesellschaftung, um Voraussetzung für den Übergang in den Sozialismus zu sein, sich nicht auch auf den subjektiven Faktor, insbesondere die Arbeiterklasse beziehen muss, wobei auch an kulturelle Vorgänge zu denken ist. Dabei kann Vergesellschaftung aber auch einen den Kapitalismus nicht erschütternden, sondern gerade bestätigenden Charakter annehmen. Denken wir zum Beispiel heute an die audiovisuellen Medien, aber auch an die Massenpresse.

Ganz zweifellos handelt es sich dabei um einen Fall hochgradiger innerkapitalistischer Vergesellschaftung: große Menschenmassen sind im gleichen Moment durch gleiche Informationen erreichbar und nehmen diese freiwillig an. Sie sind dadurch vereinheitlicht. Allerdings sind sie Objekte, nicht Subjekte des Informationsempfangs: eine Zusammenballung von Individuen, die nicht gemeinsam zu handeln vermögen. Kulturelle Vergesellschaftung findet hier unter ausschließlich kapitalistischem Vorzeichen statt. Bei Lenin fehlen die Möglichkeiten antikapitalistischer wie konterrevolutionärer kultureller Vergesellschaftung gleichermaßen. Allerdings ist anzunehmen, dass er den Gesichtspunkt antikapitalistischer kultureller Vergesellschaftung deshalb nicht behandelte, weil er ihm als eine Art Selbstverständlichkeit gegeben schien: in der Organisationswelt der Arbeiterbewegung, wozu auch die in einigen der am höchsten entwickelten kapitalistischen Staaten sehr ausgedehnten Arbeiter-Kulturverbände gehörten. Lenin sprach von zwei Kulturen innerhalb der bürgerlichen Gesellschaft: von derjenigen des Proletariats und derjenigen der Bourgeoisie. Er übersah aber, dass die proletarische Kultur nur eine Teilkultur war: subaltern, nicht in dem Sinne antikapitalistisch, dass sie sich eines Tages zur Gesamtkultur der Gesellschaft hätte erklären können – so wie seiner Meinung nach auf dem Gebiet der Ökonomie ja die neuen Vergesellschaftungsformen schon innerkapitalistisch die dominanten waren.

Für Lenin also befand sich der Kapitalismus in einer revolutionären Situation. Sie musste nicht nur genutzt werden, um einen neuen Zustand herbeizuführen – sie war auch unabdingbar, um die Fortsetzung einer Katastrophe zu vermeiden. Diese Katastrophe hatte schon begonnen: der imperialistische Krieg. Er konnte in einen »Imperialistischen Frieden« übergehen: das war die Beendigung der militärischen Kampfhandlungen aus Erschöpfung und eine Neuorganisation der Beziehungen zwischen den kapitalistischen Staaten aufgrund des nunmehr festgestellten veränderten Kräfteverhältnisses. Doch auch dieses musste katastrophische Züge tragen. Revolution war dann ein nicht nur positiver, neuen Aufbau ermöglichender Vorgang, sondern ein Eingriff, mit dem zunächst lediglich die Katastrophen des Kapitalismus beendet wurden. Daraus entstand nicht etwa eine reiche, den Lebensstandard ihrer Mitglieder erhöhende Gesellschaft, sondern eine arme, welche für die Menschen große Zumutungen bereithalten musste. Diese Realität ist bei Lenin seit der Erkenntnis, dass Sowjetrussland nach dem vorläufigen Ausbleiben der sozialistischen Revolution im Westen zunächst allein stehen werde, sehr wichtig und muss auch bei der Beurteilung der ab 1917 und 1945 gegründeten sozialistischen Staaten berücksichtigt werden. Wir haben es hier gleichsam mit chirurgischen Operationen zu tun, durch welche große Übel beseitigt werden und das Weiterleben des Patienten ermöglicht, nicht aber gleichsam etwas »Positives« geschaffen wird.

Immerhin: Für die Bolschewiki war die Oktoberrevolution Teil eines aktuellen Revolutionsprozesses hin zum Sozialismus. Die Maßnahmen, die die russische Revolutionsregierung sofort ergriff, sollten diesen Weg öffnen und die neuen Machtverhältnisse sichern:

1. In einer Aufforderung an alle kriegsführenden Völker und deren Regierungen erklärte sich Russland zum sofortigen Friedensschluss ohne alle Vorbedingungen bereit.
2. Ein »Dekret über den Grund und Boden« enteignete die Gutsherren entschädigungslos.

Beide Entscheidungen griffen ineinander: die Bauernsoldaten verließen die Front, um bei der Landverteilung zur Stelle zu sein.

Der Schwerpunkt des Geschehens verlagerte sich jetzt schnell auf die Gebiete außerhalb Petrograds: in den einzelnen Städten mussten die Sowjets jetzt ebenfalls die Macht erobern.

In einer »Deklaration der Rechte der Völker Russlands« trat das dritte massenwirksame Motiv dieser Revolution – neben der Agrar- und der Friedensfrage – hervor: die nationale Frage. Das Konzept der Bolschewiki sah vor, dass alle Völker Russlands ihr Selbstbestimmungsrecht wahrnehmen sollten. Sie könnten den Staatsverband mit Russland verlassen, völlig selbständig bleiben, aber auch sich einer Union sozialistischer Staaten anschließen. Nach Auffassung der Bolschewiki war diese Union sozialistischer Staaten jetzt im Entstehen begriffen, und ihr würden sich, sobald in den

Ländern des Westens die Revolution gesiegt habe, auch die ehemals altkapitalistischen Gesellschaften anschließen.

Zweieinhalb Wochen nach dem Oktoberaufstand, am 25. November 1917, fanden in Russland die Wahlen zur Konstituierenden Nationalversammlung statt, die noch unter der Vorgängerregierung ausgeschrieben worden waren. Das Ergebnis ließ den Verdacht aufkommen, als sei der Umsturz von Petrograd nur ein lokales Ereignis gewesen: von 41,7 Millionen abgegebenen Stimmen entfielen 22 Millionen, also die absolute Mehrheit, auf eine Partei, die schon der im Februar (März) gebildeten Provisorischen Regierung angehört und zuletzt sogar den Ministerpräsidenten gestellt hatte: die Sozialrevolutionäre. Die Bolschewiki erhielten 9,8 Millionen, der Rest ging an Menschewiki und bürgerliche Gruppen. Das heißt: die Masse der Bauern hatte die Sozialrevolutionäre gewählt, diese waren die Sieger der Wahl.

Als die Verfassungsgebende Nationalversammlung am 18. Januar 1918 zu ihrer Konstituierenden Sitzung zusammentrat, wurde sie von Truppen, die der neuen Sowjetregierung unterstanden, auseinandergejagt. Die Bolschewiki begründeten dies damit, dass diese Versammlung noch Produkt einer politischen Periode sei, welche durch die Oktoberrevolution abgeschlossen wurde. Die Mehrheit der Wählerinnen und Wähler habe in den zweieinhalb Wochen zwischen Revolution und Abstimmung die Nachrichten über die inzwischen stattgefundene Veränderung noch gar nicht erhalten.

Das war die aktuelle Begründung. Aus ihr hätte immerhin auch die Konsequenz gezogen werden können, dass die Wahl zu wiederholen sei. Dies geschah nicht. Tatsächlich hatte die Entscheidung, die Verfassungsgebende Nationalversammlung zu schließen, eine grundsätzlichere Bedeutung. Es handelte sich um die prinzipielle Absage an den Parlamentarismus und um ein ebenso prinzipielles Bekenntnis zum Rätesystem. Mehr als alles, was vorher geschehen war, mehr auch noch als der Oktoberumsturz selbst, hat dieses praktizierte Bekenntnis zur Räteherrschaft die Spaltung zwischen Bolschewiki und dem Reformismus besiegelt. Formeller Ausdruck der Spaltung zwischen Sozialdemokratie und kommunistischer Bewegung war die Änderung des Parteinamens, welche die Bolschewiki 1918 vornahmen: sie nannten sich jetzt »Kommunistische Partei Russlands (B)«.

Während die Entscheidung gegen die parlamentarische Demokratie fiel, befand sich Sowjetrussland schon im Bürgerkrieg, der vom ersten Moment der Existenz des neuen Staates an dessen Entwicklungsbedingungen diktierte. Die Armee war zwar zu erheblichen Teilen, aber nicht geschlossen zur Sowjetmacht übergegangen. Die zaristischen Generäle unterstellten sich nicht der neuen Regierung, sondern rückten mit ihren Truppen gegen sie vor. So tobte nun der Bürgerkrieg zwischen »Weißen« und »Roten«. Zugleich befand sich Russland noch immer im Krieg mit Deutschland. Dieser wurde im Frieden von Brest-Litowsk am 3. März 1918 beendet. In der Ukraine gelangten nach dem Rückzug der deutschen Truppen infolge der deutschen Kapitulation vom November 1918 die Bolschewiki an die Macht, 1919 wurde sie Sowjetrepublik. Anders verlief es zunächst in Georgien, das sich 1918 von Russland getrennt hatte: Dort siegten nicht die Bolschewiki und auch nicht die Konservativen, sondern die Menschewiki. Ihrer Herrschaft wurde 1921 durch einen Akt ein Ende gesetzt, der nun allerdings den 1917 proklamierten »Rechten der Völker Russlands« widersprach: durch den Einmarsch der inzwischen gegründeten Roten Armee Sowjetrusslands. Im Frühjahr 1918 erklärten auch

Armenien und Aserbaidschan ihre Unabhängigkeit. Hier kämpften die weißen Generäle Denikin und Wrangel gegen die Bolschewiki, die sich Ende 1920 durchsetzten. 1921 bildete sich aus Aserbaidschan, Armenien und Georgien die »Transkaukasische Sowjetrepublik«.

Gegenüber Deutschland hatten die Bolschewiki nach dem Frieden von Brest-Litowsk eine Atempause, nicht aber gegenüber Russlands früheren Verbündeten im Westen. Großbritannien, Frankreich, Japan und die USA unterstützten bis zum Oktober 1919 die Weißen im Bürgerkrieg, der somit mit einem Interventionskrieg auswärtiger Mächte kombiniert war. Von April bis Oktober 1920 führte Sowjetrussland Krieg mit Polen, dessen Truppen zunächst bis Kiew vordrangen, dann bis kurz vor Warschau zurückweichen mussten und sich dort unter der Führung französischer Offiziere behaupteten.

In diesen Kriegen bildete und bewährte sich die Rote Armee, deren Oberbefehl als Kriegskommissar Leo Trotzki 1918 übernommen hatte.

1921 war der Bürgerkrieg beendet. Die Weißen waren geschlagen, aber das Land war ruiniert.

Seit 1918 wurden die Eigentumsverhältnisse auch außerhalb der Landwirtschaft gründlich umgestaltet: Ende Juni wurde die Großindustrie in staatliches Eigentum überführt, danach der Binnenhandel sowie der Außenhandel in staatliche Regie übernommen (staatliches Außenhandelsmonopol), es wurde sogar mit einer geldlosen Wirtschaft experimentiert.

Aber die Voraussetzung einer sozialistischen Umwälzung im Osten: die Revolution im Westen, blieb nach wie vor aus. Während des Bürger- und Interventionskrieges waren den Bauern hohe Abgaben auferlegt worden. Dies schwächte den

Rückhalt der Bolschewiki bei ihnen, den sie durch die Landreform zunächst gewonnen hatten.

Die Antwort der Kommunistischen Partei auf die in vielfacher Hinsicht gefährliche Situation war 1921 die »Neue Ökonomische Politik« (NÖP oder NEP). Ihre Vorbereitung war die letzte große Leistung Lenins, der, im August 1918 beim Revolverattentat einer Sozialrevolutionärin verletzt, nach drei Schlaganfällen – Mai 1922, Dezember 1922, März 1923 – bis zu seinem Tod am 21. Januar 1924 keinen bestimmenden Einfluss mehr auf die Politik des Sowjetstaates nehmen konnte.

Die NEP bestand darin, unter der Herrschaft der Kommunistischen Partei privatwirtschaftliche Initiative zu fördern. Die Bauern sollten nicht mehr mit hohen Naturalabgaben ihrer Reproduktionsmöglichkeiten beraubt werden, sondern die Möglichkeit erhalten, für ihren eigenen Vorteil zu arbeiten und die Städte innerhalb von Marktbedingungen zu beliefern. Auf der gleichen Grundlage sollte auch privates produzierendes und weiterverarbeitendes Gewerbe erlaubt und gefördert werden. Dies schloss durchaus auch kapitalistische Ausbeutungsverhältnisse ein.

Die Großindustrie allerdings sollte in staatlicher Hand bleiben. Lenin selbst bezeichnete dieses System als Staatskapitalismus, und mehr sei zunächst nicht möglich. Unter sozialistischem Regime aber sollten die so genannten »Kommandohöhen« bleiben: die politischen und militärischen Machtorgane. Die staatliche Leitung müsse gestrafft werden. Gerade weil große Teile der Wirtschaft privat betrieben wurden, müsse der staatliche Wirtschaftssektor diszipliniert sein und die politische Kontrolle strikt erfolgen. Die Gewerkschaften in den staatlichen Betrieben sollten nicht nur Interessenvertretungen der Belegschaften sein, sondern in erster Linie so genannte »Transmissionsriemen« zur Erreichung der Produktionsziele.

Die Führung der Bolschewiki war der Ansicht, dass jetzt, angesichts der Isolierung Russlands nach außen und der Isolierung der Kommunistischen Partei im Inneren, insbesondere im Verhältnis zur Bevölkerungsmehrheit, den Bauern, strengste Disziplin notwendig sei. Dies äußerte sich auch in einem folgenschweren Beschluss des X. Parteitages der Kommunistischen Partei Russlands (Bolschewiki), der 1921 stattfand: das »Fraktionsverbot«. Es bedeutete, dass sich innerhalb der Partei keine selbständigen Plattformen mehr bilden durften. Die Mitglieder hatten sich nur als Individuen, also nicht als organisierte »Fraktionen«, an der Willensbildung der Partei zu beteiligen. Hier begann, wie im Nachhinein festgestellt werden kann, die innere Deformation der Kommunistischen Partei.

1922 wurde der Posten eines Generalsekretärs geschaffen und mit Josef Wissarionowitsch Dschugaschwili – genannt: Stalin – besetzt. Dies erregte kein Aufsehen. Die neue Funktion wurde als eine rein technische Aufgabe betrachtet, die insbesondere während der Krankheit Lenins wahrgenommen werden müsse.

Die NEP führte zu einem Aufblühen der kapitalistischen Kleinindustrie und der privaten Landwirtschaft. Zugleich kam es zu Disproportionen zwischen der verstaatlichten Großindustrie und der Privatwirtschaft. Sie drückten sich u. a. in der so genannten »Scherenkrise« aus. Diese bestand darin, dass die staatliche Industrie viel teurer produzierte als die Landwirtschaft, sodass die Landwirtschaft die staatlichen Produkte nicht kaufen konnte, diese dann auch nicht genügend Absatz hatten. Die Versorgung der Städte kam ins Stocken.

Der Behebung dieser Disproportionen galten in der Mitte der zwanziger Jahre Diskussionen in der Kommunistischen Partei. Inzwischen – ab 1923 – hatten sich die meisten Staaten des ehemaligen Zarenreiches in einem neuen, gemeinsamen Staat zusammengeschlossen: in der Union der Sozialistischen Sowjetrepubliken (Sowjetunion, UdSSR). Ein Jahr später wurde die Mongolische Volksrepublik gegründet, die mit der Sowjetunion eng verbunden, völker- und staatsrechtlich aber selbständig war. Nach der Gründung der UdSSR benannte sich die Kommunistische Partei Russlands um: Kommunistische Partei der Sowjetunion (KPdSU). Die UdSSR verstand sich als die Vorform eines internationalistischen Staates: ein sozialistischer Staatenbund.

Die Sowjetunion laborierte an einer ökonomischen Krise. Wie war diese zu beheben?

In der Kommunistischen Partei trafen jetzt zwei Richtungen aufeinander, eine »Rechte« und eine »Linke«. Beide Bezeichnungen sind nur relativ zu verstehen. Für die »Rechte« steht der Name Nikolai Bucharin. Er war der Ansicht, in Russland müsse zunächst die Landwirtschaft entwickelt werden, und zwar bis zu einem Punkt, da ihre Produktivität einen Überschuss erzeuge, der eine Wertabschöpfung durch die Städte erlaube. Das Privateigentum müsse auf dem Lande respektiert werden. Seine Aufhebung sei nur durch freiwillige Genossenschaftsbildung möglich.

Für die »Linke« stand in dieser Debatte u.a. Jewgenij Preobrashenski. Er forderte den beschleunigten Aufbau der Schwerindustrie und die Förderung des Industrieproletariats. Diese Position wurde auch von Leo Trotzki vertreten.

Zwischen diesen beiden Flügeln manövrierte der Parteiapparat, repräsentiert durch den Generalsekretär Stalin.

Die Industrialisierungsdebatte darf nicht isoliert von

der strategischen Problematik der Oktoberrevolution gesehen werden. Diese bestand ja darin, dass die Revolution im Westen ausgeblieben war. Wie sollte es unter solchen Bedingungen weitergehen?

Eine Lösung, die im Nachhinein nahe liegen könnte, wurde damals nicht diskutiert: die Rückkehr zum Kapitalismus. Diejenigen, die eine solche Option am ehesten hätten vertreten können, die Menschewiki, waren seit 1917 ausgeschaltet. Aber das war nicht der ausschlaggebende Grund dafür, dass eine Rückkehr in den Kapitalismus damals nicht erwogen wurde. Der Kapitalismus bot damals kein attraktives Bild, im Gegenteil: in Europa war er krisengeschüttelt.

Andererseits stand nach dem Ausbleiben der westlichen Revolution fest, dass die russische Revolution keine sozialistische Revolution gewesen sein konnte. Sie war eher eine antiimperialistische Revolution an der Peripherie des Kapitalismus, wie die mexikanische Revolution 1910–1917, die türkische Revolution 1920 oder die chinesische Revolution 1911–1949. Diesem Status entsprach – allerdings unter Beibehaltung der sozialistischen Option – am ehesten der Vorschlag von Bucharin. Das Parteizentrum unter der Führung von Stalin hat sich in der ökonomischen Streitfrage tatsächlich für diesen entschieden. Darauf folgte ab 1923 die Entmachtung Trotzkis. Die Prioritätensetzung für die Entwicklung von Ressourcen, die zunächst dem inneren Markt zugute kommen sollten, bedeutete zugleich die Konzentration Russlands auf seine Binnenprobleme. Sie fand ihren Ausdruck in einer Revolutionsstrategie, welche die faktische Defensive durch eine offensive Ideologie verhüllte: die Theorie vom »Aufbau des Sozialismus in einem Land«. Damit wurde die praktische Konsequenz aus dem Ausbleiben der Revolution im Westen gezogen: Wenn Russland sich auf seinen eigenen Aufbau konzentriere, dann werde es möglich sein, von der industriellen Rückständigkeit über eine nachholende sozialistische ursprüngliche Akkumulation schließlich bis zum Sozialismus und Kommunismus zu gelangen und dadurch das Kräfteverhältnis in der gesamten Welt zugunsten des Sozialismus umzugestalten.

Stalins Bündnis mit den »Rechten« in der KPdSU entsprach nicht nur den ökonomischen Realitäten des Landes (welche für eine internationale revolutionäre Führungsrolle kaum eine Grundlage bilden konnten), sondern auch taktischen Gesichtspunkten in seinem Kampf gegen Trotzki um die Führung der Partei. Tatsächlich ist dieser 1927 aus der KPdSU ausgeschlossen und nach Alma Ata verbannt worden, 1929 wurde er schließlich des Landes verwiesen. Vom Exil aus – zunächst in der Türkei, dann in Frankreich und Norwegen, zuletzt in Mexiko – setzte er seine politische Arbeit fort. Er analysierte das politische System der UdSSR, wie es sich jetzt herausbildete, als Herrschaft der Bürokratie, welche sich von den Massen des Proletariats zunehmend entfremde, allerdings am staatlichen Eigentum an den Produktionsmitteln festhalte, da dieses ja die Grundlage ihrer eigenen Macht sei.

Während Stalin sich, auf die »Rechten« in der Partei gestützt, der »Linken« entledigte, näherte er sich zugleich inhaltlich den Industrialisierungskonzepten der besiegten innerparteilichen Opposition an. 1926 wurden Plankennziffern für die volkswirtschaftliche Entwicklung erarbeitet, 1929 trat der erste Fünfjahresplan in Kraft.

Die außenpolitische Isolierung Russlands trat mit der Machtübernahme des deutschen Faschismus in eine neue Phase der Gefährdung ein. Dies machte den beschleunigten Aufbau einer eigenen Rüstung auf einer erweiterten schwerindustriellen Basis notwendig. Er war der Hauptzweck der nun forciert betriebenen Planwirtschaft. Sie war mit einer 1929 beschlossenen und sofort rabiat durchgesetzten Kollektivierung der Landwirtschaft verbunden. Die Beseitigung der privaten Mittelbauern – der »Kulaken« – zerstörte die produktivste Schicht auf dem Lande und war mit blutigem staatlichem Zwang verbunden. Es handelte sich um den Bürgerkrieg einer Minderheit, die sich allerdings des Staatsapparats bedienen konnte, gegen eine Mehrheit. Die volkswirtschaftlichen Schäden, die durch die dabei angerichteten Zerstörungen auf dem Lande angerichtet wurden, sind niemals wieder völlig kompensiert worden. Die enteigneten Kulaken wurden aus ihren Dörfern verbannt, viele verloren dabei ihr Leben. Gleichzeitig wüteten Hungersnöte auf dem seiner Ressourcen für lange Zeit beraubten Land. Ob überhaupt ein Transfer von Gütern und Werten in die Stadt in der Art und in dem Umfang, wie sie angeblich für eine beschleunigte Industrialisierung notwendig waren, stattgefunden hat, ist nicht nachweisbar. Insgesamt dürften im direkten oder indirekten Ergebnis der Kollektivierung bereits Millionen Menschen ums Leben gekommen sein, auch wenn die Kampagne selbst bereits 1930 aufgrund ihrer katastrophalen Auswirkungen gestoppt (allerdings nicht rückgängig gemacht) wurde. Die Sowjetunion war in die Periode der von Stalin, der seit Ende der zwanziger Jahre praktisch der Alleinherrscher über Partei und Staat wurde, zu verantwortenden Massenrepression eingetreten. Entscheidendes Instrument war die Geheimpolizei. Diese wurde jetzt zu einem Apparat zur Kontrolle der gesamten sowjetischen Gesellschaft und zur Ausschaltung und präventiven Einschüchterung jeder Opposition. Von 1936 bis 1939 richtete sich der Terror auch gegen die

KPdSU selbst. Der so genannten »Großen Säuberung« fiel die Mehrheit der »alten Bolschewiki«, die die Revolution von 1917 geleitet hatten, zum Opfer. Gegen ihre bekanntesten Vertreter – Sinowjew, Kamenew, Bucharin, Radek – wurden Schauprozesse veranstaltet, in denen sie zum Tod verurteilt wurden. Absurde Geständnisse, darunter Aussagen über eine angebliche Zusammenarbeit mit der Gestapo, waren durch Folter erzwungen. Weitaus größer war die Zahl der Kommunisten, die ohne jedes formelle Verfahren getötet wurden. Andere wurden für viele Jahre in Lager gesperrt, auch hier mit enormen Todesopfern. Bei der propagandistischen Begleitung und Begründung der Massenverfolgung spielte die Revitalisierung des in Russland schon während der Zarenzeit starken Antisemitismus eine wachsende Rolle. Im Zuge dieser Massenliquidierungen ist die Rote Armee enthauptet worden. Ihr prominentester Militär, der Marschall Tuchatschewski, wurde wegen angeblicher Zusammenarbeit mit der Gestapo hingerichtet. Während der »Säuberung« wurde der »Trotzkismus« zum Anklagepunkt. Er wurde als Ideologie und Tätigkeit einer im Interesse und Dienst des Imperialismus stehenden »Agentur« denunziert. 1940 wurde Trotzki im mexikanischen Exil von einem Agenten der sowjetischen Geheimpolizei ermordet. Die Verfolgung in der KPdSU war im Wesentlichen 1939 abgeschlossen. In ihrer Schlussphase verlief sie parallel zu einer weiteren Form der Repression: Dies war die Unterdrückung solcher nichtrussischer Ethnien, von denen Stalin offensichtlich eine Destabilisierung seines Herrschaftssystems fürchtete. Unter anderem wurden sie in »Umsiedlungen« aus ihren bisherigen Gebieten vertrieben.

Repression, Ausschaltung jeder Demokratie und Öffentlichkeit, die Bindung allen staatlichen Handelns sowie der Interpretation der Realität ausschließlich an die Person des nun zum Diktator aufgestiegenen Generalsekretärs der KPdSU: sie charakterisieren das System des Stalinismus, das sich in den dreißiger Jahren voll herausbildete. Seine Entstehung steht in unmittelbarem Zusammenhang mit der Sackgasse, in welche die Entwicklung der UdSSR seit 1923 geraten war.

Mit der Massenverfolgung auch in der KPdSU hatte diese, obgleich sie weiterhin Millionen von (mehrheitlich neuen) Mitgliedern zählte, als eigenständige Organisation aufgehört zu bestehen. Sie war faktisch zum Teil des Staatsapparates geworden.

Dieser Staatsapparat war zugleich Eigentümer der Produktionsmittel. Das galt seit dem Ende der NEP uneingeschränkt für die Industrie, faktisch auch für die Landwirtschaft: die Genossenschaften (Kolchosen), die in der Kollektivierung entstanden, waren strikten administrativen Vorgaben unterworfen – eine Planwirtschaft, in der alle Kennziffern für Produktion und Verteilung in Mengenangaben von oben nach unten durchgegeben wurden.

War das alles Sozialismus? Wenn wir darunter – wie in unserer Eingangsdefinition – die Verfügung einer Gesellschaft über die Produktions- und Zirkulationsmittel sowie über die Erbringung von Dienstleistungen durch den planenden, organisierenden und verteilenden Einsatz von politischen Institutionen verstehen, dann ist diese Frage zu bejahen. Ein »Verein freier Menschen« oder eine »Assoziation, worin die freie Entwicklung eines jeden die Bedingung für die freie Entwicklung aller ist« – wir erinnern uns an die Formulierungen aus dem »Kapital« und dem »Manifest der Kommunistischen Partei« –: das war die Sowjetunion nicht, auch später nicht nach dem Tod Stalins (1953) und bis zu ihrem Ende 1991. Weder die Eigentums- noch die Staatsfrage waren gelöst: das Eigentum befand sich in den Händen eines Zwangsapparats.

Dieser war allerdings imstande, das Land auf seine gewaltsame Weise in kurzer Frist zu industrialisieren und ab 1941 dem Überfall Hitler-Deutschlands zu widerstehen. Als Teil einer Koalition mit den Vereinigten Staaten von Amerika und Großbritannien beendete die Sowjetunion siegreich den Zweiten Weltkrieg und dehnte ihren Machtbereich bis an die Elbe aus.

5. Sozialismus in der kapitalistischen Welt 1918–1945

Unter »Sozialismus in der kapitalistischen Welt« verstehen wir zweierlei:

1. die sozialistischen Bewegungen,
2. innerkapitalistische Vergesellschaftungen mithilfe politischer Regulierungen.

Mit dem Ausbruch des Ersten Weltkriegs zerbrach die Zweite Internationale. Die Oktoberrevolution zwang die sozialdemokratischen Parteien zur Entscheidung für oder gegen sie. 1919 wurde in Moskau eine neue, die Kommunistische Internationale (III. Internationale) gegründet. Sie verstand sich als einheitliche Weltpartei mit jeweiligen nationalen Sektionen: den kommunistischen Parteien in den einzelnen Ländern. Ziel war die schnelle revolutionäre Umwälzung in den am weitesten entwickelten kapitalistischen Ländern. Spätestens 1923 stand fest, dass diese Offensive zumindest fürs Erste gescheitert war. Antonio Gramsci (1891–1937), der führende Kopf der Kommunistischen Partei Italiens, analysierte in den dreißiger Jahren die Ursachen der Niederlage: anders als in Russland, in dem Staat und Ökonomie einander gegenüber standen, erstrecke sich zwischen ihnen im Westen das Terrain einer »Zivilgesellschaft«, in der eine revolutionäre Partei erst die Hegemonie erringen müsse, um die politische Macht erobern und dauerhaft behaupten zu können. Dies sei den Revolutionären nicht gelungen. Damit benannte Gramsci eine Gegenwarts- und Zukunftsaufgabe der kommunistischen Bewegung. Seine Theorie, in der Haft in seinen »Gefängnisheften« niedergelegt, ist erst nach 1945 rezipiert worden.

Unter sowjetischer Führung reagierten die kommunistischen Parteien seit 1923 anders: nachdem die Revolution misslungen war, sahen sie ihre Aufgabe in der bedingungslosen Unterstützung der UdSSR in der Systemauseinandersetzung mit ihren externen Feinden. Diese Umstellung – im Selbstverständnis als »Bolschewisierung« bezeichnet – wurde zwischen 1924 und 1928 vollzogen. Mit der Weltwirtschaftskrise 1929–1933 schien eine neue revolutionäre Periode anzubrechen. Bereits 1928 beschloss die Kommunistische Internationale auf ihrem VI. Weltkongress den Übergang zur Offensive in einer Situation, die durch die Alternative zwischen Revolution und drohendem Faschismus gekennzeichnet sei. Eine Verteidigung der parlamentarischen Demokratie galt als illusionär. Die sozialdemokratischen Parteien, die diesen Weg einschlugen, wurden als »sozialfaschistisch« bezeichnet, da sie angeblich die Revolution blockierten und somit der Reaktion den Weg bereiteten. Erst 1935, zwei Jahre nach dem Machtantritt des Faschismus in Deutschland, ist dieser Kurs korrigiert worden. Die kommunistischen Parteien strebten nun eine Volksfront mit allen antifaschistischen – auch bürgerlichen – Kräften an.

Als im Februar 1934 die Wehrorganisation der Sozialdemokratischen Partei Österreichs, der Republikanische Schutzbund, gegen den austrofaschistischen Putsch des Bundeskanzlers Engelbert Dollfuß kämpfte und unterlag, war auch die kleine Kommunistische Partei zur Verteidigung der parlamentarischen Demokratie bereit, hatte dabei allerdings nur allenfalls marginalen Einfluss.

Schon 1934 führte in Frankreich der gemeinsame Kampf von KPF und SFIO gegen eine dort zeitweilig anschwellende faschistische Bedrohung zu einer offiziellen Einheitsfront der beiden Parteien. 1935 wurde sie durch die Einbeziehung der Radikalsozialisten (einer – trotz dieses Namens – bürgerlichen Partei) zur Volksfront erweitert, die 1936 einen Wahlsieg errang. Radikalsozialisten und SFIO bildeten eine von den Kommunisten unterstützte Regierung, die bis 1938 Bestand hatte.

Nach Frankreich war Spanien der zweite Staat, in dem die Volksfront-Politik in großem Maßstab durchgeführt wurde. 1931 war die Monarchie in einer bürgerlichen Revolution durch die Republik ersetzt worden. Sie wurde zum Kampfboden für harte Auseinandersetzungen zwischen der Linken und der Rechten, die 1933 die Parlamentswahlen gewann und gegen die sich militante Aktionen der Arbeiterbewegung richteten, mit dem ersten Höhepunkt eines vom Militär blutig niedergeschlagenen Bergarbeiterstreiks in Asturien.

Für die Wahl 1936 bildeten Sozialisten, republikanische Linke und Kommunisten ein Volksfront-Bündnis, das vom trotzkistisch beeinflussten Partido Obrero de Unificación Marxista (POUM) unterstützt und von den Anarchisten toleriert wurde. (Erstmals riefen diese nicht zum Wahlboykott auf.) Diese Kombination errang die Mehrheit, die Regierung wurde von den linksbürgerlichen Parteien

(163 Sitze) gebildet und von den Sozialisten (99 Mandate) sowie den Kommunisten (16) unterstützt. Gegen sie putschte am 17. Juli 1936 der General Franco. Hierauf antwortete ein Arbeiteraufstand. Sozialisten, Kommunisten und Anarchisten entwaffneten die Garnisonen in Madrid und Barcelona. Da der Staatsapparat nahezu geschlossen zu Franco übergegangen war, hatte die angegriffene Republik kaum noch eine Exekutive. Sie wurde vielerorts durch räteähnliche Organisationen, in denen die Gewerkschaften die treibende Kraft waren, ersetzt. Die Gegenbewegung gegen den Putsch nahm revolutionäre Züge an: Enteignungen von Betrieben bzw. ihre Unterstellung unter öffentliche Kontrolle, Landbesetzungen. Innerhalb der Linken traten scharfe Meinungsunterschiede über den künftigen Weg auf. Der Führer der Sozialisten, Largo Caballero, befürwortete die Diktatur des Proletariats. Die Kommunistische Partei setzte sich zwar für Betriebsenteignungen und Landreform ein, hielt einen aktuellen Übergang in den Sozialismus aber nicht für möglich. Die Anarchisten forderten einerseits die Verwirklichung ihrer libertären Vorstellungen hier und jetzt, trugen andererseits aber der Priorität der militärischen Verteidigung und der damit verbundenen Disziplin in den republikanischen Truppen Rechnung. Für den POUM war die Beschränkung auf Rettung der Republik ein Verrat am Sozialismus.

Im September 1936 wurde Largo Caballero Ministerpräsident, die Sozialisten waren mit sechs Ministern in seinem achtzehnköpfigen Kabinett vertreten, die Anarchisten mit vier, die Kommunisten mit zwei.

Auf der Seite der Republik nahmen auch »Internationale Brigaden« am Bürgerkrieg teil: Freiwillige aus vielen Ländern, darunter besonders zahlreich Kommunisten, insgesamt nahezu 40.000 Mann.

Während die spanische Republik in einem Krieg auf Leben und Tod gegen den Faschismus stand, setzte sich in ihrem Innern der Fraktionskampf zwischen den einzelnen Strömungen der Linken fort. Im Mai 1937 kam es in Barcelona zum Aufstand der vereinigten Trotzkisten und Anarchisten gegen die Regierung, welche sich mit Waffengewalt durchsetzte. Dies war der Auslöser für eine blutige Verfolgung des POUM durch Vertreter der in Spanien nunmehr nahezu unverhüllt agierenden sowjetischen Geheimpolizei, welche auf diese Weise Elemente jener »Säuberung«, die zur gleichen Zeit in der UdSSR ihren Höhepunkt erreichte, auch nach Spanien hineintrug.

1939 erlag die – von den Regierungen Frankreichs, Großbritanniens und den USA boykottierte – spanische Republik schließlich der Übermacht Francos sowie der deutschen und italienischen Verbände, die ihn unterstützt hatten.

Als die Sowjetunion 1939 einen Nichtangriffs- und kurz darauf sogar einen Freundschaftsvertrag mit dem Dritten Reich schloss, befanden sich die kommunistischen Parteien in den Staaten, die im Zweiten Weltkrieg gegen Deutschland kämpften, in der Isolierung. (Die Kommunistische Partei Deutschlands war seit 1933 verboten.) Dies änderte sich mit dem Überfall auf die UdSSR 1941 und insbesondere nach deren Sieg bei Stalingrad Anfang 1943. In Frankreich und Italien wurden die kommunistischen Parteien, die dort an der Spitze des Widerstands beteiligt waren, zu Massenparteien. In Jugoslawien gelang es den von Josip Broz Tito und der kommunistischen Partei (Bund der Kommunisten) geführten Partisanenverbänden, das Land zu befreien und 1945 eine auf das Recht einer eigenständig durchgesetzten Revolution gestützte Staatsmacht zu errichten.

Zur kapitalistischen Welt gehörten auch Regionen, in

denen die Industrielle Revolution noch nicht stattgefunden hatte und die in kolonialer oder halbkolonialer Abhängigkeit standen. Ihre Emanzipationsbewegungen nahmen mit dem Ersten Weltkrieg einen enormen Aufschwung, teilweise unter Beteiligung der neuen kommunistischen Parteien. Dies galt in besonders hohem Maße für China. Die 1921 gegründete Kommunistische Partei (KPCh) ging auf Weisung der Kommunistischen Internationale ein strategisches Bündnis mit der nationalistisch-antiimperialistischen Bewegung Kuomintang ein, die von Sun Yat-sen (1866–1925) gegründet worden war und im Süden des Landes – erst in Kanton, dann in Wuhan – eine Gegenregierung gegen die Zentrale in Peking errichtete. Unter dessen Nachfolger Tschiang Kai-schek – der 1928 Peking eroberte und offiziell die Staatsgewalt übernahm – kam es bereits ab 1926 zum Bruch.

Nach schweren Niederlagen ging die Kommunistische Partei Chinas, in welcher nunmehr Mao Tse-tung (1893–1976) zunehmend an Einfluss gewann, zu einer neuen Strategie über. Sie stützte sich mehr auf die Bauernschaft als auf die Arbeiterklasse. Eine eigene Streitmacht – »Rote Armee« – wurde aufgebaut, und mit dieser sollten »Rote Zonen«, in denen die Kommunisten erste Gebiete eigener Herrschaft einrichteten, gesichert werden. Von dort aus sollte die Revolution im ganzen Land durchgesetzt werden. Solche »Roten Zonen« (»Befreite Gebiete«) entstanden zunächst im Süden. 1934 konnten sie sich nicht mehr gegen die Kuomingtang halten. Die Rote Armee unternahm einen einjährigen »Langen Marsch« in den Norden, wo sie in Yenan ein neues Einflusszentrum schuf.

1937 schloss die KPCh wieder ein Bündnis mit Tschiang Kai-schek, gemeinsam kämpften sie gegen die in diesem

Jahr beginnende japanische Invasion in China. In der Auseinandersetzung mit Japan erweiterten die Kommunisten ihren Einfluss in der Bauernschaft und errichteten im »Volkskrieg« neue »Befreite Gebiete«.

In Indochina, seit dem Ende des 19. Jahrhunderts französische Kolonie, kämpfte seit 1941 eine »Liga für die Unabhängigkeit Vietnams« (Viet Minh) um die Unabhängigkeit zugleich gegen Frankreich wie gegen Japan, welches das Land im Zweiten Weltkrieg besetzte. 1943 ging sie zur bewaffneten Aktion über. In ihr hatten sich die 1930 gegründete »Indochinesische Kommunistische Partei« unter der Führung von Ho Chi Minh (1890–1969) und andere Gruppen zusammengeschlossen. Im August 1945 kam es zum allgemeinen Aufstand, am 2. September proklamierte Ho Chi Minh in Hanoi die »Demokratische Republik Vietnam« (DRV). Es gelang jedoch Frankreich, im Süden seine Herrschaft wieder fest zu etablieren und sich auch Stützpunkte im Norden zu sichern.

In den hochindustrialisierten kapitalistischen Ländern verblieben die kommunistischen Parteien in der Minderheit. Die im Ersten Weltkrieg zerstörte Zweite Internationale wurde 1923 als »Sozialistische Arbeiter-Internationale« (SAI) wiedererrichtet. Zwischen ihr und der Kommunistischen Internationale hatte zuvor die »Internationale Arbeitsgemeinschaft Sozialistischer Parteien« (die so genannte »Zweieinhalbte Internationale«) vergeblich die Einheit der sozialistischen Bewegung wiederherzustellen versucht. Sie wurde von der Sozialdemokratischen Partei Österreichs geführt. Diese konnte sich darauf berufen, dass sie nicht gespalten war: die Kommunistische Partei, die sich 1918 von ihr getrennt hatte, blieb sehr klein. Der vom führenden Theoretiker der österreichischen Sozialdemokratie, Otto Bauer, stark beeinflusste

»Austromarxismus« versuchte revolutionäre Theorie mit konkreter Reformpolitik zu verbinden. Nachdem der Versuch, die Spaltung zwischen der SAI und der Kommunistischen Internationale zu überwinden, gescheitert war, schlossen sich die Parteien der »Zweieinhalbten Internationale« 1923 der SAI an.

In folgenden Ländern waren sozialdemokratische Parteien zeitweilig an der Regierung:

- Dänemark 1916–1920 (ein sozialdemokratischer Minister in einem linksliberalen Kabinett), 1924–1926 (Minderheitskabinett), 1929–1940 (Koalitionsregierung mit der Sozialliberalen Partei [Radikale Venstre]), 1940–1943 (Allparteienregierung), [1]
- Deutschland 1918–1920; 1923/24 (als Juniorpartnerin), 1928–1930. (Dies gilt für die zentrale Ebene: In einzelnen Ländern – darunter dem größten, Preußen – stellte die SPD viel länger den Ministerpräsidenten.),
- Finnland 1921–1925, 1926, 1937 ff.,
- Frankreich 1936–1938 (Volksfront-Regierung),
- Großbritannien (1929–1931), 1940–1945 (Juniorpartnerin),
- Norwegen 1928, 1935–1981,
- Österreich (1918–1920 Juniorpartnerin, Koalition mit der Christlichen Volkspartei),
- Schweden 1917/18 (Koalition mit der Liberalen Partei), März–Oktober 1920, Oktober 1921 – April 1923, Oktober 1924 – Juni 1926 (jeweils Minderheitsregierungen), 1932–1976,
- Spanien 1936–1939 (Volksfront-Regierung).[2]

---

1 Ich danke Gerd Callesen für Angaben.

2 Zur Geschichte der sozialistischen und kommunistischen Parteien 1914–1940 siehe auch Sassoon 1996: 27-59.

Hier beteiligten sie sich an der Fortsetzung der »Großen Transformation«, die durch den Ersten Weltkrieg einen großen Schub bekommen hatte: Ausbau der Sozialgesetzgebung, Vermehrung von Öffentlichen Gütern und Infrastruktur-Dienstleistungen. Ihr Anteil daran war größer, als sich aus den Angaben zur Beteiligung sozialdemokratischer Parteien an zentralen Regierungen ablesen lässt. Wichtig waren auch ihre Leistungen in den Kommunen. Als vorbildlich galt hier das »rote Wien«: in der Hauptstadt Österreichs, die zugleich ein Bundesland war, hatte die Sozialdemokratische Partei von 1918 bis 1934 die absolute Mehrheit. Sie führte hohe Steuerprogression nach der Leistungsfähigkeit ein, errichtete in umfangreichem Maße Gemeindewohnungen und sorgte für Schulspeisung sowie schulärztliche Dienste.

In Schweden begann 1932 ein sozialdemokratisches Zeitalter: in engem Verbund mit den Gewerkschaften baute die Sozialdemokratie einen relativ egalitären Wohlfahrtsstaat auf.

Allerdings hatten die sozialistischen Parteien kein Monopol auf die staatliche Durchdringung der Wirtschaft. In den USA forcierte der Präsident der Demokratischen Partei, Franklin D. Roosevelt, ab 1933 das Zusammenwirken zwischen Staat, Unternehmern und Gewerkschaften (»Big Government, Big Business, Big Labour«) und öffentliche Investitionen. In seiner Politik des »New Deal« versuchte er die Position der bislang Benachteiligten zu verbessern. Insbesondere der Zweite Weltkrieg brachte eine erneute Steigerung der politischen Verfügung der an ihm beteiligten Gesellschaften über die Ressourcen an Arbeitskraft, Produktions- und Zirkulationsmitteln. Der marktradikale Ökonom Friedrich August von Hayek und mit ihm verbundene Ideologen sahen einen Zug der Zeit zum Kollektivismus, gegen den sie sich als Opposition formierten. In ihren Augen befanden sich die Gesellschaften des kapitalistischen Westens auf dem Weg in eine spezifische, wenngleich von der sowjetischen verschiedene Variante des Sozialismus.

6. Das »sozialistische Weltsystem« 1945–1991

Mit dem Sieg der Anti-Hitler-Koalition 1945 erstreckte sich der Machtbereich der Sowjetunion in Europa bis an die Elbe.

Stalin hatte zunächst eine Neuordnung dieses Kontinents offenbar nicht unter dem Gesichtspunkt der Fortsetzung der Revolution, sondern der Gewährleistung maximaler außenpolitischer Sicherheit für die UdSSR geplant. In den von der Roten Armee eroberten und auf der Konferenz von Jalta Anfang 1945 auch durch Churchill und Roosevelt der Sowjetunion als Einflussbereich zugestandenen Ländern wurden die innenpolitischen Verhältnisse diesem Zweck angepasst: die alten Eliten wurden gestürzt, die Großindustrie (soweit vorhanden) wurde enteignet, der Großgrundbesitz aufgesiedelt. Dies waren tatsächlich soziale Revolutionen, die den bisherigen Unterklassen neue Chancen brachten und ein weit höheres Maß an Gleichheit als bisher herbeiführten. In den Ländern des neuen sowjetischen Machtbereichs waren die kommunistischen Parteien bis 1945 illegal gewesen. Sie wurden jetzt mit sozialdemokratischen Parteien verschmolzen. Dies geschah auch in der Sowjetischen Besatzungszone Deutschlands: Der Zusammenschluss von KPD und SPD im April 1946 wurde in den Westzonen als Zwangsvereinigung dargestellt. Im Osten stieß er aber nicht nur auf Opposition, sondern auch auf Zustimmung in der SPD. In Polen trat von Anfang an ein deutlicher Gegensatz zwischen der neuen sowjetischen Vorherrschaft und der Stimmung in breiten Teilen der Bevölkerung hervor: das Land war 1939 zwischen Deutschland und der UdSSR geteilt worden. 1945 gewann es im Ergebnis des Krieges ehemals deutsche Gebiete östlich von Oder und Neiße und war somit – da die in Folge des deutsch-sowjetischen Vertrags von 1939 erfolgten Abtretungen an die UdSSR im Osten nicht revidiert waren – insgesamt nach Westen verschoben. Die sowjetische Dominanz ist als Fremdherrschaft, die auch von den USA nicht akzeptiert wurde, wahrgenommen worden. Als noch nicht sozialistische, aber nicht mehr vom Kapital beherrschte Länder sollten die Gesellschaften im sowjetischen Machtbereich durch einen besonderen Herrschaftstyp geleitet werden: als »Volksdemokratien«.

Eine Schlüsselposition in Stalins Nachkriegsstrategie nahm Deutschland ein. Die im Krieg schwer zerstörte Sowjetunion benötigte Reparationen, für die der Westen, insbesondere die britische Zone, besser ausgestattet war als die eigene. Deshalb war sie an der Einheit Deutschlands als eines neutralen Staates interessiert. Es konnte angesichts der Anwesenheit britischer, französischer und US-amerikanischer Truppen auch aus sowjetischer Sicht kein sozialistischer Staat werden. Die Bodenreform des Winters 1945/46 und die Enteignung von Großbanken und Großindustrie 1946 (nach einer Volksabstimmung im Juni 1946 in Sachsen) widersprachen dem nicht. Damit sollten die Machtgrundlagen des Junkertums und des Monopolkapitals, die nach sowjetischer Auffassung die Voraussetzungen der Aggressivität des deutschen Staates gewesen waren, beseitigt werden. In langjähriger gemeinsamer Besetzung durch die Mächte der Anti-

Hitler-Koalition war Deutschland gleichsam in Sicherungsverwahrung zu nehmen.

Als der US-amerikanische Präsident Truman 1947 den Kalten Krieg ausrief, war diese Konzeption gescheitert. Stalin sah sich nunmehr in ein Wettrüsten hineingezogen, in dem der Westen weit überlegen war. Er antwortete darauf mit dem Versuch, die Länder im sowjetischen Machtbereich noch stärker als bisher nach dem Primat der absoluten Sicherheit für die UdSSR auszurichten. Hierüber kam es 1948 zum Konflikt mit Jugoslawien: Josip Broz Tito forderte Eigenständigkeit für sein Land, das nicht von der Roten Armee, sondern (wenngleich durch deren Erfolg begünstigt) durch die Partisanen befreit worden war. Im Kalten Krieg erklärte sich Jugoslawien für blockfrei.

Der Ausbruch eines wichtigen Verbündeten verstärkte den Konformitätsdruck auf die anderen Volksdemokratien. Von Anfang an waren sie keine parlamentarischen Demokratien gewesen. Nunmehr wurden die letzten Optionen jenseits derjenigen, die durch die UdSSR und die von dieser abhängigen Staatspartei bestimmt waren, beseitigt.

Der Herausbildung zweier Blöcke, die sich gegeneinander abschlossen, entsprach auch 1948 der Umsturz in der Tschechoslowakei. Hier hatte die kommunistische Bewegung bereits in der Zwischenkriegsperiode eine Massenbasis, wenngleich sie darin von der Sozialdemokratischen Partei noch übertroffen wurde. Nach dem Einmarsch der Roten Armee in Prag 1945 (die das Land im selben Jahr wieder verließ) veränderte sich dieses Kräfteverhältnis: innerhalb eines Jahres steigerte die KP ihre Mitgliederzahl von 37.000 auf 1.159.164. In der Wahl zur Verfassungsgebenden Versammlung 1946 erhielt die KP 38 Prozent der Stimmen, die mit ihr verbündete Sozialdemokratische

Partei 13. Seit November 1945 schon bildeten die beiden sozialistischen Parteien zusammen mit vier anderen eine provisorische Regierung. Diese leitete eine Agrarreform ein und nationalisierte die Großindustrie. Nach der Wahl der Verfassungsgebenden Versammlung trat der Kommunist Klement Gottwald an die Spitze einer Koalitionsregierung. Diese befand sich damit ganz offensichtlich in Übereinstimmung mit der Mehrheit der Bevölkerung. Es war kein Grund ersichtlich, der einen Eingriff der UdSSR zwecks zusätzlicher Wahrung der außenpolitischen Sicherheitsinteressen der Sowjetunion hätte notwendig machen können.

Aus der Sicht Stalins entstand eine neue Situation erst nach der Schwenkung der US-amerikanischen Politik. Auch jetzt änderte sich nichts am innenpolitischen Kräfteverhältnis in der Tschechoslowakei, nach wie vor war die Sowjetunion sehr beliebt. Jetzt aber schlug ein Grundzug der Stalinschen Außenpolitik: der Versuch der Herstellung maximaler präventiver Sicherheit, auch im Verhältnis zu diesem Land durch. Auf Druck der UdSSR musste die tschechoslowakische Regierung ihre Zustimmung zum Marshallplan zurückziehen. Was aber die Gestaltung der inneren Verhältnisse des Landes anging, so bedurfte diese keiner bemerklichen Einwirkung von außen, sondern es genügte eine Umgruppierung, bei welcher das ohnehin schon vorhandene Übergewicht der Kommunistischen Partei voll zum Tragen kam und das bislang auch die Politik der KP bestimmende Interesse an einer Koalitionsbalance von dieser selbst außer Kraft gesetzt wurde. Aus einem regierungsinternen Konflikt um personalpolitische Probleme im Bereich des Innenministeriums entwickelte sich im Februar 1948 eine von der Kommunistischen Partei und den Gewerkschaften initiierte Massenbewegung gegen die bürgerlichen Koalitionspartner, die tatsächlich rasch revolutionäre Züge annahm und in einem Generalstreik, dem landesweiten Auftreten von Arbeitermilizen und am 24. Februar in einer großen Demonstration gipfelte, unter deren Druck und auf deren Forderung hin Staatspräsident Beneš am 25. Februar eine Regierungsumbildung vornahm: Nunmehr war die KP, welche die Hälfte der Ministerien besetzte, auch formal die ausschlaggebende Kraft. Der »Prager Umsturz« trug weniger die Züge eines Staatsstreichs als einer Revolution. Beide Merkmale: von großen Massen getragene Revolution und zielgerichtetes, auch konspiratives Vorgehen der KP, besiegelten das Schicksal der Sozialdemokratischen Partei. Deren Zusammenschluss mit der KP erfolgte nach heftigen internen Kämpfen schließlich de facto in einem Massenübertritt sozialdemokratischer Mitglieder.

Allein für Deutschland wollte Stalin offenbar einen Zustand der Neutralität zwischen den Blöcken akzeptieren. Dass Frankreich, Großbritannien und die Vereinigten Staaten zusammen mit den bürgerlichen Parteien, aber auch der SPD die Gründung eines Weststaates vorantrieben, war ja eine der Ursachen des Kalten Krieges und von Stalins Bedrohungs-Wahrnehmung. Erst nach der Konstituierung der Bundesrepublik zog am 7. Oktober 1949 der Osten mit der Schaffung der Deutschen Demokratischen Republik (DDR) nach. Sie erhielt keine sozialistische, sondern eine radikaldemokratisch-antimonopolistische Verfassung, die für ganz Deutschland konzipiert war. In einer Note an die Westmächte vom 10. März 1952 stellte Stalin die DDR zugunsten eines neutralen Gesamtdeutschland zur Disposition. Als dies abgelehnt wurde, beschloss die SED noch im selben Jahr auf einer Parteikonferenz den Übergang zum Aufbau des Sozialismus. Die Eigentumsvoraussetzungen waren zumindest in der Industrie bereits 1946 geschaffen worden. Nun begannen erste Versuche der Kollektivierung der Landwirtschaft und von Handwerksbetrieben. Zugleich sollte die Produktion in der Industrie gesteigert werden. Die Anhebung von Arbeitsnormen führte zu einem Aufstand am 16. und 17. Juni 1953. Schon vorher hatte die SED ihren Druck auf die Bauern und das verbliebene Restbürgertum etwas gelockert.

Ab 1948 wurden die sozialistischen Staatsparteien im Einflussbereich der UdSSR »bolschewisiert«: soweit sie Einheitsparteien aus Sozialdemokraten und Kommunisten waren, wurden sie jetzt zu kommunistischen Parteien umgeformt. In ihnen vollzog sich ab 1948 eine zweite Etappe der terroristischen »Säuberung«, wie sie in der Sowjetunion nach 1936 stattgefunden hatte. In Ungarn, Bulgarien und der Tschechoslowakei wurden führende Funktionäre unter absurden Beschuldigungen verhaftet, gefoltert und hingerichtet. »Säuberungen« fanden auch in Polen und – hier allerdings ohne Hinrichtungen – in der DDR statt.

1956, drei Jahre nach Stalins Tod, verurteilte der neue Erste Sekretär der KPdSU, Nikita S. Chruschtschow, Stalins Verbrechen und den »Personenkult«. Das Herrschaftssystem wurde leicht modifiziert und kann jetzt nicht mehr als Stalinismus bezeichnet werden. Diesen definierte später der Soziologe Werner Hofmann als »eine exzessiv machtorientierte Ordnung der Innen- und Außenbeziehungen einer Gesellschaft des erklärten Übergangs zum Sozialismus.« (Hofmann 1984: 29). Als Stalinismus müsse »jener Exzeß der Macht verstanden werden, der nicht in den Aufgaben einer ›Erziehungsdiktatur‹ gründet, der nicht objektiv ›notwendig‹ war.« (Ebd.: 48) Der »Exzess« wurde nunmehr durch eine bürokratische Diktatur ersetzt, die vom Politischen Büro (Politbüro) des Zentralkomitees der Kommunistischen Partei (bzw. einer sozialistischen Einheitspartei) ausgeübt wurde. Sie stützte sich auf eine Staatsklasse. Zu dieser gehörten alle Personen (jeweils mehrere Millionen), deren sozialer Status durch das gesellschaftliche Eigentum an den Produktionsmitteln und dessen bürokratische Verwaltung positiv bestimmt wurde – nicht nur die Mitglieder der sozialistischen oder kommunistischen Partei, sondern oft auch von Verbündeten (»Blockparteien«), überdies Parteilose in Leitungsfunktionen.

Die Staatsklasse war in sich noch einmal stark hierarchisiert. Der Einfluss ihrer Mitglieder war höchst ungleich verteilt: Führende Partei- und Staatsfunktionäre sowie die Spitzenkader der Wirtschaft befanden sich in großem Abstand zu einfachen Mitarbeitern der Verwaltungen, unteren Funktionären von Parteien und Gewerkschaften und dem Gros des wissenschaftlichen Personals.

Die Staaten des sowjetischen Machtbereichs waren trotz der Tatsache, dass in ihnen öffentliches Eigentum überwog, in ihren ökonomischen Entwicklungen sehr unterschiedlich. Dennoch wurden sie von ihren Führungen als »sozialistisches Weltsystem« definiert. Der ökonomischen Koordination diente seit 1949 der »Rat für Gegenseitige Wirtschaftshilfe« (RGW). Der 1949 gegründeten NATO wurde 1955 ein Militärbündnis entgegengestellt: die Warschauer Vertragsorganisation (»Warschauer Pakt«).

Die Lockerung der Diktaturform 1956 ermutigte Oppositionspotentiale in zwei Ländern: Polen und Ungarn.

In Polen widersprach eine forcierte Kollektivierung der Landwirtschaft dem Willen der größten Klasse des polnischen Volkes, der Bauern. Auch im Industrieproletariat war die regierende Vereinigte Polnische Arbeiterpartei weitgehend isoliert. Ein Generalstreik in Posen im Juni 1956 führte rasch zum Zusammenstoß mit dem Militär. Der ehemalige Generalsekretär Władysław Gomulka, der während der zweiten stalinistischen Säuberung gestürzt worden war, kam wieder in dieses Amt, und er wurde sofort enorm populär, als er gegenüber der Sowjetunion einen Kurs größerer Selbständigkeit proklamierte. Nach kurzem, halbverdecktem Konflikt gestand Chruschtschow Polen einen erweiterten Spielraum zu. Die meisten kollektivierten landwirtschaftlichen Betriebe sind wieder in einzelbäuerliche Betriebe umgewandelt worden. Sozialökonomisch war das Land nun gespalten: neben der verstaatlichten Industrie bestand eine private Landwirtschaft, und sie war der größte Sektor.

Die Ansätze einer »Entstalinisierung« in der UdSSR und Gomulkas Erfolg hatten eine destabilisierende Fernwirkung auf die Herrschaft der »Partei der ungarischen Werktätigen«. Am 23. Oktober löste eine Studentendemonstration einen Volksaufstand aus, gegen den sowjetische Truppen vorgingen. Am 1. November beschloss die Regierung unter dem seit 24. Oktober amtierenden kommunistischen Ministerpräsidenten Imre Nagy – er hatte bereits 1953–1955 diese Funktion ausgeübt, war aber gestürzt worden – den Austritt aus dem Warschauer Pakt und die Neutralität Ungarns. Dies war für die Rote Armee der letzte Anlass, den Aufstand niederzuschlagen.

Im Systemkonflikt zwischen der Bundesrepublik Deutschland und der Deutschen Demokratischen Republik war letztere von Anfang an im Nachteil. Sie hatte die gesamten Reparationen an die UdSSR zu zahlen, während die BRD Marshallplan-Mittel erhielt. Da diese Region bis

1945 keine eigene schwerindustrielle Basis hatte, musste sie nunmehr erst aufgebaut werden. Große Investitionen erfolgten in die soziale Infrastruktur, vor allem in das Erziehungswesen, in dem das bürgerliche Bildungsmonopol gebrochen wurde. All dies ging zu Lasten des individuellen Konsums, in dem die DDR hinter der Bundesrepublik zurück blieb. Die Vollkollektivierung der Landwirtschaft sorgte für Spannungen mit den Bauern. Von Anfang an fand ein Abfluss von Arbeitskräften in die BRD statt, der am 13. August 1961 durch den Bau einer Mauer in Berlin und von Sperranlagen zwischen beiden deutschen Staaten gestoppt wurde. Bereits 1955 hatten die Sowjetunion und die DDR ihren Kampf um eine gesamtdeutsche Neutralitätslösung aufgegeben und forderten nunmehr nur noch die völkerrechtliche Anerkennung der Deutschen Demokratischen Republik – wie der spätere Mauerbau letztlich eine Defensivmaßnahme.

Das zentrale Planungssystem mit Naturalkennziffern hatte sich nicht nur in der Sowjetunion, sondern ab 1945 in deren Machtbereich zunächst bewährt. In seinem Rahmen fand in der UdSSR die forcierte Industrialisierung statt, und sie war offenbar geeignet zur Transformation von Agrargesellschaften in Osteuropa. Auch für die Umstellungsprozesse der DDR als einer vom früheren Gesamtstaat abgetrennten Volkswirtschaft erwies sich dieser Typ der Planwirtschaft als leistungsfähig. Während des Wettrüstens im Kalten Krieg war er in der Sowjetunion zur Konzentration gesellschaftlicher Anstrengungen auf die Rüstung eingesetzt worden, und dies zunächst erfolgreich: in der zweiten Hälfte der fünfziger Jahre zeichnete sich ein militärisches Gleichgewicht ab, das zu einer zeitweiligen Entspannung im Verhältnis zwischen den Blöcken diente.

Allerdings entsprach die bisher praktizierte Form der Zentralisierung nur den Erfordernissen einer revolutionären Industrialisierungs- und Übergangsphase unter gleichsam kriegswirtschaftlichen Bedingungen. Für entwickelte sozialistische Volkswirtschaften musste die Planwirtschaft nicht etwa abgeschafft, sondern differenziert werden. Daran, dass er diese Aufgabe nicht löste, ist der Sozialismus des sowjetischen Typs letztlich gescheitert.

Nach dem Bruch mit Stalin hatte Jugoslawien diesen Weg konsequent beschritten: dominant war dort nicht das staatliche, sondern das genossenschaftliche Eigentum, der Markt hatte eine große Bedeutung.

In der Tschechoslowakei wurden ab 1958 erste Experimente mit dezentraler Planung unternommen, in der UdSSR ab Anfang der sechziger Jahre unter dem Einfluss des Ökonomen Liberman immerhin in einigen Betrieben. Seit 1963 entwickelte die DDR ein »Neues Ökonomisches System der Planung und Leitung« (NÖSPL). In ihm wurden Entscheidungsbefugnisse von der Ebene des Staates mit seiner Zentralen Plankommission auf die der Betriebe verlagert, der Gewinn – ausgedrückt in Geld – wurde zu einer Kennziffer anstatt – wie bisher – der Output in Stückzahlen.

Über kurz oder lang musste bei diesen Experimenten geklärt werden, ob eine ökonomische Reform Erfolg haben konnte, wenn nicht zugleich der Erweiterung von Eigentätigkeit auch im Bereich der Politik eine Chance gegeben wurde. Diese Frage wurde in der zweiten Hälfte der sechziger Jahre in der Tschechoslowakei (seit 1960: Tschechoslowakische Sozialistische Republik, ČSSR) am klarsten gestellt und durch Intervention von außen schließlich negativ entschieden.

In diesem Land veranlasste die fortdauernde wirtschaftliche Stagnation Überlegungen, wie die inzwischen eingeleiteten ökonomischen Reformmaßnahmen vertieft werden könnten, wobei eine Ausweitung des Marktes innerhalb des Planes nahe zu liegen schien. Anfang 1968 trat der bisherige Generalsekretär der Partei, Antonín Novotný, zurück. Sein Nachfolger wurde der Slowake Alexander Dubček. Im April desselben Jahres beschloss das Zentralkomitee der KPČ ein »Aktionsprogramm«. Es lehnte die bisherige administrative Verbindung von Staat und Partei (»führende Rolle der Partei«) ab, wandte sich gegen die Unterdrückung der freien Meinungsäußerung, bekannte sich zu umfassender Demokratie in Partei und Staat sowie zu Rechtsstaatlichkeit und forderte die Behebung der Mängel in der materiellen Versorgung.

War bis dahin der Kurswechsel in der KPČ lediglich gleichsam eine innerparteiliche Angelegenheit gewesen, so gewann sie mit ihrem neuen Programm in dem Maße wieder eine Basis im Volk, als damit tatsächlich schnell merkliche Veränderungen im öffentlichen Leben verbunden waren: Abschaffung der Zensur, rasche Entfaltung einer breiten veröffentlichten Meinung. Der »Sozialismus mit menschlichem Antlitz« schien für einige Monate das Programm der gesamten Gesellschaft zu sein. Ausdrücklich wurde immer wieder die strikt sozialistische Orientierung der Reformen betont, ebenso die Bündnistreue der ČSSR gegenüber der Warschauer Vertragsorganisation.

In der Nacht vom 20. auf den 21. August marschierten Truppen der Warschauer Vertragsorganisation in die ČSSR ein. Die Partei- und Staatsführung wurde ausgewechselt. Die marktsozialistischen Versuche wurden beendet, nicht nur in der ČSSR, sondern auch in der DDR und in der UdSSR.

Spätestens mit der Ablösung des bisherigen Ersten Sekretärs der SED, Walter Ulbricht, durch Erich Honecker an der Spitze der SED 1971 wurde in der DDR der Anlauf beendet, zentrale Planung mit größerer Eigeninitiative der Betriebe zu verbinden. Die neue Führung versuchte Massenloyalität dadurch zu gewinnen, dass sie den – zumeist am Vorbild der Bundesrepublik orientierten – Konsumbedürfnissen der Bevölkerung stärker als bisher nachkam. Dabei stellte sich rasch die Frage der Finanzierung bei (im Vergleich zum Westen) nach wie vor geringer Arbeitsproduktivität. Die DDR beantwortete sie zunehmend durch Verschuldung.

Während in den anderen RGW-Staaten ab 1968 die marktsozialistischen Reformen gestoppt worden sind, wurden diese in Ungarn gerade seit diesem Jahr forciert. Da die ökonomische Kooperation mit den anderen Staaten des Rates für Gegenseitige Wirtschaftshilfe schwieriger wurde, sah sich das Land bald auf den Weg der Devisenerwirtschaftung auf den westlichen Märkten gedrängt.

In Polen kam es anlässlich von Erhöhungen der Preise und der Arbeitsnormen 1970 zu einem Streik von Danziger Werftarbeitern, der auf Gdynia (Gdingen) und Elblag (Elbing) übergriff. Gomulka trat als Generalsekretär der Polnischen Vereinigten Arbeiterpartei zurück, an seine Stelle kam Edward Gierek. Dieser leitete in den folgenden Jahren einen neuen wirtschaftspolitischen Kurs ein: Investitionen in die Industrie sollten nicht mehr durch Einschränkung des individuellen Konsums, sondern mit Auslandskrediten finanziert werden. Durch den Verkauf der Produkte, welche in den neuen Anlagen gefertigt werden konnten, hoffte man die so zunächst entstehenden Schulden wieder tilgen zu können.

Mit der Liquidierung des Prager Experiments und spätestens mit der Rücknahme der ökonomischen Reformen in der DDR endete die Phase in der Geschichte des staatlich verfassten Sozialismus, in der diesem eine Chance zu verbleiben schien, sich auf seinen eigenen Grundlagen weiterzuentwickeln. Das ökonomische System des Sozialismus ging in eine Erstarrung über, an deren Ende nach zwei Jahrzehnten die Zerstörung stand.

Der Rest war Abwicklung: Die sozialistischen Länder fanden – wahrscheinlich aufgrund des unflexiblen Planungssystems – keinen Anschluss an die neuesten Entwicklungen insbesondere der Mikroelektronik. Deshalb waren die Produkte der neuen Anlagen, die ab 1970 mit internationalen Krediten errichtet worden waren, auf dem Weltmarkt nicht konkurrenzfähig. Der Versuch, durch Preisunterbietung unter Hinnahme von Verlusten den Export von Waren des täglichen Bedarfs und durch die Drosselung von Einfuhren die Außenhandelsbilanz dennoch ausgeglichen zu halten, drückte auf die Konsummöglichkeiten breiter Massen. Es war letztlich ebenfalls der Rückstand in der Mikroelektronik, der dazu führte, dass der Westen das militärische Gleichgewicht, welches sich Ende der fünfziger Jahre eingestellt hatte, überwand und den Osten überholte und damit bedrohte.

Als ab 1985 der neue Generalsekretär der KPdSU, Michail S. Gorbatschow, einen Umbau der Wirtschaft (Perestroika) und eine Öffnung der Öffentlichkeit (Glasnost) ankündigte, war dies im Ergebnis nicht die Einleitung einer Erneuerung des Sozialismus, sondern der zuletzt nur noch panische und erfolglose Versuch, der mittlerweile massenweisen Distanzierung der Bevölkerungen in den bis dahin sozialistischen Ländern eine andere Richtung zu geben als dem Wunsch nach der Abschaffung des bisherigen Systems. Die UdSSR war auch nicht mehr willens oder in der Lage, die anderen Staaten des Rates für Gegenseitige Wirtschaftshilfe unter eine von ihr bisher diktierte Gemeinsamkeit zu zwingen. Im September 1989 öffnete Ungarn seine Westgrenze für Bürger der DDR, die in die Bundesrepublik ausreisen wollten. Als die Deutsche Demokratische Republik unter dem Druck einer anschwellenden Opposition am 9. November 1989 die Mauer in Berlin aufgab, wurde zugleich der Weg zur kapitalistischen (1990 durch den Beitritt zur Bundesrepublik Deutschland auch völker- und staatsrechtlich vollzogenen) Übernahme dieser Gesellschaft, deren politische und ökonomische Ordnung zumindest jetzt keinen Rückhalt in der Bevölkerung mehr hatte, beschritten. Die gleichen Prozesse vollzogen sich in den anderen RGW-Ländern. Ähnliches galt für Jugoslawien: Der dortige stärker genossenschaftlich orientierte Sozialismus war zunehmend Objekt des kapitalistischen Weltmarkts, dessen Anforderungen die einzelnen Teilrepubliken in unterschiedlicher Weise entsprachen, geworden, sodass der bisherige Gesamtstaat in den neunziger Jahren des 20. Jahrhunderts schließlich in sie zerfiel bzw. zerbrochen wurde.

Die Auflösung der UdSSR 1991 beendete die Variante des Sozialismus, der zunächst in Russland, später in ihrem außenpolitischen Machtbereich aufgebaut worden war. Die Ursachen reichten, wie gezeigt, weit in die Vergangenheit zurück:

1. In den hochentwickelten Industriegesellschaften behauptete sich nach 1917 der Kapitalismus, die Sowjetunion war isoliert geblieben.
2. Der Versuch, ihr zunächst durchaus erfolgreiches Planungssystem in den sechziger Jahren zu flexibilisieren, war inkonsequent und zu diesem Zeitpunkt wohl schon chancenlos.

Damit blieb die Frage danach, wie in hochentwickelten Industriegesellschaften auf der Basis des gesellschaftlichen Eigentums an den zentralen Produktions- und Distributionsmitteln eine von der Mehrheit der dort lebenden Menschen akzeptierte und von ihnen aktiv weitergestaltete Ordnung errichtet werden konnte, zumindest durch den 1917 zunächst in Russland auf den Weg gebrachten Gesellschaftstyp unbeantwortet.

Er hatte Leistungen hervorgebracht und wies einige Vorzüge auf, die ihn jedoch letztlich nicht auf Dauer in den Volksmassen verankern konnten:

- Zwar hatte die Sowjetunion sich am Wettrüsten beteiligt, aber ihre Anstrengungen auf diesem Gebiet belasteten ihre Ökonomie, waren – anders als in den kapitalistischen Staaten – keine Quelle des Profits und blieben also in ihrem Wirtschaftssystem ein strukturell fremdes Element. Schon aus Gründen ihrer Unterlegenheit war die Außenpolitik der Sowjetunion im Wesentlichen defensiv geblieben.
- Auf der Basis des Staatseigentums war – trotz der Privilegierung einer hohen Funktionärsschicht (Nomenklatura) – ein größeres Maß an Gleichheit verwirklicht als im Kapitalismus.
- Der Staatssozialismus bewirkte in technisch und wirtschaftlich zunächst rückständigen Regionen nachholende Modernisierung (einschließlich Alphabetisierung) und Hebung des Lebensniveaus der Volksmassen (in der Sowjetunion in den dreißiger Jahren und nach der Katastrophe des deutschen Überfalls).
- Arbeitsplatzsicherheit blieb ein Merkmal dieses Systems bis zu seinem Ende.

7. Sozialismus in den Ländern nachholender Entwicklung bis 1973

Die Oktoberrevolution 1917 war in einem Land ausgebrochen, das sich selbst noch auf dem Weg nachholender industrieller Entwicklung befand und diesen von da an beschleunigt beschritt. Hierin – insbesondere auch durch die Planwirtschaft – ist die UdSSR zum Vorbild für Umwälzungsprozesse in anderen Gesellschaften mit ähnlicher Ausgangslage geworden.

Ein zentrales Datum wurde der Sieg der Kommunistischen Partei in China. Nach der Kapitulation Japans brach 1947 ein Bürgerkrieg aus, in dem die Volksbefreiungsarmee bald die Oberhand über die Kuomintang gewann. 1949 wurde die Volksrepublik China unter der Führung Mao Tse-tungs gegründet. Sie wurde sofort zum engen Verbündeten der UdSSR. 1953 führte sie ihren ersten Fünfjahrplan ein. Die zunächst sehr restriktive Politik der Inneren Sicherheit wurde 1956 durch eine Öffnung gegenüber der Intelligenz ersetzt. Ausdrücklich wurde zum Meinungsstreit aufgefordert: »Lasst hundert Blumen blühen, lasst hundert Gedankenschulen miteinander wetteifern«.

Der Zwanzigste Parteitag der KPdSU hatte tiefe Auswirkungen auf die innere Entwicklung der Volksrepublik China und deren Beziehungen zur Sowjetunion – dies allerdings nicht im Sinne der Anpassung, sondern im Gegenteil durch eine zunehmende Abgrenzung. Die Kampagne »Lasst hundert Blumen blühen« mag noch als ein Versuch interpretierbar sein, die Fehler, welche Chruschtschow an der bisherigen Entwicklung der UdSSR – personalisierend auf Stalin bezogen – kritisierte, in China zu vermeiden: durch eine Erweiterung der Möglichkeiten zur öffentlichen

Meinungsäußerung. Andererseits lehnte Mao Tse-tung die Verurteilung Stalins ab. Hier sah er die Gefahr eines Angriffs auch auf die leninistische Substanz des staatlich verfassten Sozialismus. 1958 ging die Volksrepublik China zu einer neuen Wirtschaftspolitik über. Bislang war auch hier die Sowjetunion Vorbild gewesen: durch ihre Strategie der planmäßigen Entwicklung, verbunden mit dem Einsatz möglichst moderner Technologie (soweit sie verfügbar gemacht werden konnte). Die von der Kommunistischen Partei Chinas nunmehr proklamierte Politik des »Großen Sprungs« setzte dagegen stärker auf den subjektiven Faktor der ständig zu mobilisierenden Massen, die in großen Arbeitseinsätzen die Produktionsleistung in kürzester Frist erhöhen sollten. Die Bauern wurden in 25.000 »Volkskommunen« organisiert. Diese voluntaristischen Kraftakte führten allerdings rasch zu offenbarer Überforderung und stießen auf Widerspruch.

1957 hatte die UdSSR der Volksrepublik China Hilfe beim Bau eigener Atomwaffen zugesichert. 1959 widerrief sie diesen Vertrag – wahrscheinlich deshalb, weil er einer Politik der nunmehr von ihr angestrebten Entspannung mit den USA im Wege stand. 1960 zog die Sowjetunion ihre Experten aus der Volksrepublik China ab. Seitdem war der Konflikt unübersehbar. Er vertiefte sich noch, als in einigen RGW-Staaten Wirtschaftsreformen, die dem Markt und dem individuellen sowie dem betrieblichen Eigeninteresse eine positive Funktion zuerkannten, eingeleitet wurden. Für Mao Tse-tung war dies Revisionismus. Seine Kritik richtete sich nicht nur gegen die KPdSU, sondern auch gegen jene Elemente in der Politik der KPCh, die seiner Meinung nach mit Chruschtschow Übereinstimmungen aufwiesen. 1966 mobilisierte er in der »Großen Proletarischen Kulturrevolution« die junge Generation – die »Roten Garden« – gegen den Partei- und Staatsapparat. Die von ihm entfesselte Bewegung zerstörte große Teile der politischen und kulturellen Infrastruktur des Landes. 1969 wurde die Kulturrevolution offiziell beendet, die überragende Stellung Maos hatte längst Züge des Personenkults angenommen.

Nach der Niederlage Japans wurde Korea geteilt. Am 9. September 1948 ist die Volksdemokratische Republik Korea unter dem Ministerpräsidenten Kim Il Sung gegründet worden. Sie erhob einen gesamtkoreanischen Anspruch, blieb aber auf das Gebiet nördlich des 38. Breitengrads beschränkt. In den Krieg zwischen den beiden Staaten 1950–1953 griffen US-amerikanische und chinesische Truppen ein.

In einem dritten asiatischen Land mündete die japanische Kriegsniederlage in eine soziale Revolution: am 2. September 1945 wurde in Hanoi von Ho Chi Minh die »Demokratische Republik Vietnam« (DRV) ausgerufen. Der bisherigen Kolonialmacht Frankreich gelang es jedoch, im Süden ihre Herrschaft wiederzuerrichten und sich auch im Norden Stützpunkte zu sichern. 1954 errangen die Truppen der Demokratischen Republik Vietnam bei Dien-Bien-Phu einen entscheidenden Sieg über die französische Kolonialmacht. Das Land wurde entlang des 17. Breitengrads geteilt: in die Demokratische Republik Vietnam im Norden und die Republik Vietnam im Süden. Die vorgesehenen gesamtvietnamesischen Wahlen wurden von der Regierung des Südens mit Rückendeckung durch die USA verhindert. Eine Guerilla (»Nationale Befreiungsfront«) kämpfte nun weiter, unterstützt von der DRV. Ab 1960 griffen die USA direkt ein. Der Krieg endete mit einer Niederlage der Vereinigten

Staaten, die 1973 ihr vietnamesisches Engagement beendeten. 1975 marschierten die Truppen der Nationalen Befreiungsfront in der südvietnamesischen Hauptstadt Saigon ein, 1976 wurde in dem nunmehr wieder vereinigten Land die »Sozialistische Republik Vietnam« proklamiert.

Die terroristische Herrschaft der Roten Khmer über Kampuchea ab 1975 kann nur dann als sozialistisch bezeichnet werden, wenn der Begriff Sozialismus jeder Wertung entkleidet und ausschließlich auf die politische Verfügung über Produktions- und Zirkulation bezogen wird.

1978 stürzten nationalrevolutionäre Offiziere in Afghanistan den Staatspräsidenten Daud und proklamierten die »Demokratische Republik Afghanistan«. Ihre strikt laizistische und forciert modernisierende Politik löste bald eine heftige und erfolgreiche bewaffnete Opposition aus, die von Anfang an von den USA und von der VR China unterstützt wurde. Das neue Regime stand 1979 vor dem Sturz. Zu dessen Schutz marschierten sowjetische Truppen in Afghanistan ein. Die bewaffnete islamische Opposition verwickelte sie nunmehr in einen jahrelangen Krieg, der sich für die UdSSR als ebenso aussichtslos erwies wie einst das Vietnam-Engagement der USA. Das Scheitern ihrer Intervention in Afghanistan setzte die Sowjetunion einer militärischen Bedrohung ihrer Südflanke aus.

In Kuba kämpften seit 1953 eine Guerillagruppe unter der Führung von Fidel Castro Ruz und Ernesto Che Guevara und die mit dieser eng verbundene »Bewegung 26. Juli« gegen den Diktator Batista. Nachdem der Aufstand zunächst niedergeschlagen war und die Insurgenten zeitweilig außer Landes gehen mussten, landeten sie 1956 wieder auf Kuba, fanden Unterstützung bei der Bevölkerung und nahmen am 1. Januar 1959 die Hauptstadt ein. Castro wurde Ministerpräsident. Die neue Regierung führte eine Landreform und umfangreiche Verstaatlichungen (darunter von 36 US-amerikanischen Unternehmen) durch. Aufgrund der Feindschaft der USA, die im Februar 1962 ein Handelsembargo über die Insel verhängten, sah sich Castro zu einer Annäherung an die Sowjetunion veranlasst. 1960 schon hatte Kuba ein erstes Handelsabkommen mit der UdSSR abgeschlossen. Ein Landungsversuch von Exil-Kubanern im April 1961, der von den USA unterstützt wurde, scheiterte. Im Oktober 1962 gab der Präsident der Vereinigten Staaten, John F. Kennedy, bekannt, dass die UdSSR auf Kuba den Bau von Raketenstationen betrieb. Nachdem die Vereinigten Staaten eine Blockade über die Insel verhängt hatten, gab die Sowjetunion dieses Vorhaben auf. Kuba, gegen das die USA einen kleinen Kalten Krieg in der westlichen Hemisphäre führten, war immer stärker auf die wirtschaftliche Hilfe der Sowjetunion angewiesen. Anfang Dezember 1961 wurde die Insel zur »Sozialistischen Republik« mit marxistisch-leninistischer Orientierung erklärt. Schon im Frühjahr desselben Jahres war die Verschmelzung der von Castro geführten »Bewegung 26. Juli« mit anderen sozialistischen Organisationen eingeleitet worden. Sie mündete 1965 in die Gründung der »Kommunistischen Partei Kubas« (die an die Stelle einer älteren KP trat). 1972 wurde Kuba Mitglied des »Rates für Gegenseitige Wirtschaftshilfe«.

Nicht der Guerillakampf, der in den siebziger Jahren in einigen Ländern Lateinamerikas wachsende Bedeutung gewann, sondern eine Wahlentscheidung führte 1970 einen weiteren Staat Lateinamerikas an die Schwelle einer sozialistischen Umwälzung. Im September 1970 wurde in Chile der Sozialist Salvador Allende zum Präsidenten gewählt. Der Regierung der von ihm geführten Volksfront (Unidad

Popular) gehörte auch die Kommunistische Partei an. Allende verstaatlichte u.a. die Kupferminen, Banken sowie Versicherungen und setzte die Agrarreformen, die von seinem christdemokratischen Vorgänger Eduardo Frei bereits begonnen worden waren, durch umfangreiche Enteignungen von Land fort. Obwohl er im Parlament keine Mehrheit hatte, fand er zunächst doch dessen Unterstützung für seine sehr weitgehenden wirtschaftspolitischen Maßnahmen. Zu den innenpolitischen Widerständen, mit denen er zu kämpfen hatte, gehörten bald ein Investitionsboykott der Industriellen, Streiks der Fuhrunternehmer und Ärzte. Der US-amerikanische Konzern ITT und der Geheimdienst CIA arbeiteten gegen Allende. Durch einen Militärputsch am 11. September 1973 wurde er gestürzt. In Chile wurde nunmehr eine Diktatur unter dem General Augusto Pinochet errichtet. Eines der ersten Todesopfer des Staatsstreichs, auf den ein siebzehnjähriges Regime der Morde, der Folterungen und der Marktradikalisierung folgte, war – noch am 11. September 1973 – Allende selbst.

Während der Volksfrontregierung war ein Versuch der Kombination von Plan und Markt unternommen worden – und zwar sogar noch vor der Realisierung einer dominanten sozialistischen Eigentumsordnung. Unter der Leitung des britischen Unternehmenstheoretikers Stafford Beer koordinierte das Projekt »Cybersyn« (Cybernetic Synergy) über ein System von Computern und Fernschreibern Fabriken mit der staatlichen Zentrale in Santiago. Seine Leistungsfähigkeit bewies es 1971, als es einen Streik von Fuhrunternehmern mit Hilfe von loyalen Konkurrenten, deren Angebote sie anforderte und nutzte, zumindest teilweise unterlaufen konnte. Der Putsch vom September 1973 verhinderte, dass weitere Erfahrungen gemacht werden konnten.

Die zeitweilige Attraktivität des sowjetischen Modells auf Gesellschaften nachholender Entwicklung in Afrika während der sechziger und siebziger Jahre des zwanzigsten Jahrhunderts hatte folgende Ursachen:

1. Die zentrale Planung erwies sich als effektives Mittel zur Förderung der Industrialisierung.
2. Die Sowjetunion unterstützte nationale Befreiungsbewegungen.
3. Einige afrikanische Staaten lehnten sich an die Sowjetunion an, da sie von ihr wirtschaftliche Hilfen erhielten, die sie in gleichem Maße vom kapitalistischen Westen nicht bekamen. Zum Teil benutzten sie die Drohung mit einer solchen Orientierung auch als Druckmittel zum Zwecke einer Verbesserung ihrer Position während des Systemkonflikts.

Ein eigenständiges Sozialismusprojekt, das sich vom sowjetischen unterschied, wurde in der seit 1961 unabhängigen »Vereinigten Republik Tansania« unter dem Präsidenten Julius Nyerere entwickelt: es beruhte nicht in erster Linie auf staatlichem, sondern auf Genossenschaftseigentum (»Ujamaa«-Sozialismus). Im African National Congress, der in Südafrika gegen die Apartheid kämpfte, hatte die Kommunistische Partei eine starke Position.

Der »arabische Sozialismus« der sechziger und siebziger Jahre u. a. in Syrien und Ägypten trug ideologisch stark nationalistische Züge. Er wurde von den Regierungen mehrerer Staaten des Nahen Ostens propagiert. Sie zentralisierten wichtige Ressourcen in den Händen des Staates und unterhielten gute außenpolitische Beziehungen zur Sowjetunion, während die USA Israel unterstützten. Durch diese Polarisierung war der Kalte Krieg mit dem Nahost-Konflikt verbunden. Die Sowjetunion stellte allerdings nicht das Existenzrecht Israels in Frage.[3]

Noch vor der Gründung des Staates Israel (1948) fanden zumindest in Teilen Palästinas sozialistische Experimente statt. Jüdische Einwanderer schlossen sich in Siedlungen auf gemeinwirtschaftlicher Grundlage (Kibbuzim) zusammen. In Israel war die sozialdemokratische Mapai-Partei lange Zeit die führende Kraft. Wie gleichzeitig in Teilen Europas gab es hier Elemente eines Sozialismus als untergeordnetes Organisationsprinzip in einer kapitalistischen Gesellschaft. Fritz (Pere[t]z) Naphtali, der 1928 als Leiter der Leiter der Forschungsstelle für Wirtschaftspolitik des Allgemeinen Deutschen Gewerkschaftsbundes (ADGB) einen Band mit dem Titel »Wirtschaftsdemokratie. Ihr Wesen, Weg und Ziel« veröffentlicht hatte, war in Israel mehrmals Minister.

Korporatismus und Sozialismus 1945–1973

Verstehen wir unter Sozialismus nicht nur

a. eine Gesellschaftsordnung oder
b. eine politische Bewegung und ihre Theorie, sondern auch
c. ein untergeordnetes Organisationsprinzip in der kapitalistischen Gesellschaft,

dann erreichte er in diesem dritten Sinn (c.) einen Höhepunkt in den Jahrzehnten 1945 bis 1973 in Mittel-, West- und Nordeuropa. Von Land zu Land war er verschieden ausgeprägt:

In Skandinavien, besonders in Schweden schon seit den dreißiger Jahren, versuchten regierende sozialdemokratische Parteien mit erheblichem Erfolg unter Beibehaltung der

3 Unabhängig davon war nicht nur in der Stalinzeit in der UdSSR, sondern in den sechziger Jahren auch in Polen der Antisemitismus zeitweilig ein innenpolitisches Instrument zur Massenmanipulation.

kapitalistischen Eigentumsverhältnisse ein Sozialstaatsmodell mit relativ egalitärem Einschlag und einer leistungsfähigen, der gesamten Bevölkerung zugänglichen Infrastruktur (unter anderem im Bildungswesen) und sozialen Sicherungssystemen auf hohem Niveau zu verwirklichen (Folkhemmet = »Volksheim«). Ein Mittel zur Umverteilung von oben nach unten und zur Stabilisierung von deren Ergebnissen war eine steile Steuerprogression.

In Großbritannien führte die 1945 bis 1951 regierende Labour Party umfangreiche Verstaatlichungen (Kohle, die Eisenbahnen, Gas- und Elektrizitätsversorgung, die Bank of England) durch und errichtete einen staatlichen Gesundheitsdienst (National Health Service). Als die Konservativen 1951 wieder an die Macht kamen, machten sie dies nicht mehr rückgängig. Die Labour Party folgte in ihrer Politik einem Konzept, das noch während des Krieges der Liberale William Beveridge entwickelt hatte: Sozialstaat »from cradle to grave« (von der Wiege bis zum Grab). Programmatisch war der Titel seines Buches von 1944: »Vollbeschäftigung in einer freien Gesellschaft«. (Beveridge 1944)

Auch in Staaten mit konservativen Regierungen kam es zur Stärkung der Rechte und der sozialen Stellung der Lohnabhängigen. In der Bundesrepublik Deutschland wurde 1951 die paritätische Mitbestimmung in den Aufsichtsräten der Montanindustrie eingeführt. In der übrigen Großindustrie gab es seit 1952 einen Drittel-Anteil von Gewerkschaftsvertretern in den Aufsichtsräten, 1976 wurde dieser bis dicht unterhalb der Parität erhöht. Das Arbeitsrecht wurde ausgebaut, u. a. durch die Einbeziehung von Betriebsräten in die Entscheidung über Personalangelegenheiten und Stärkung des Kündigungsschutzes. Sozialdemokratische Landesregierungen setzten teilweise eine verbesserte Bildungsinfrastruktur mit mehr Chancengleichheit durch. In anderen Staaten, z. B. Frankreich und Italien, kamen diese Prozesse erst später, nach 1968/69, in Gang. Andererseits waren dort unmittelbar nach dem Ende des Zweiten Weltkriegs unter Teilnahme kommunistischer Minister in den Regierungen erste Sozialreformen durchgeführt worden.

Typisch für diese Periode war die starke Investitionstätigkeit der Öffentlichen Hand, die hohe Staatsquote (Anteil der fiskalischen Haushalte am Sozialprodukt) mit einem großen Beschäftigungsanteil im Öffentlichen Dienst. Erhöhung der Nachfrage unter den Bedingungen nur geringer Arbeitslosigkeit und auf Druck gut organisierter Gewerkschaften stimulierte auch die Produktion, den Absatz und die Gewinnchancen. Dies alles entsprach dem wirtschaftspolitischen Konzept, das John Maynard Keynes schon 1936 in seinem Buch »Allgemeine Theorie der Beschäftigung, des Zinses und des Geldes« entwickelt hatte.

Die wichtigsten Akteure waren die monopolisierten Unternehmen vor allem der produzierenden Industrie, die Gewerkschaften und der Staat, ihr Zusammenwirken wurde häufig als Korporatismus bezeichnet. Dabei blieb die Dominanz der Kapitalseite gewahrt. Ein Teil der marxistischen Literatur charakterisierte diese Wirtschaftsordnung deshalb als Staatsmonopolistischen Kapitalismus.

Die klassische liberale Wirtschaftstheorie und -praxis seit Adam Smith und David Ricardo war davon ausgegangen, dass Kapital auf vom Staat unbeeinflussten Märkten zu vermehren sei. Das so erzeugte Angebot könne von einer wachsenden Nachfrage angenommen werden, woraus der »Wohlstand der Nationen« (Smith) resultiere. Gefahr im Hintergrund war Kapitalmangel, dem durch die freie

Dynamik der Märkte zu begegnen sei. Spätestens mit der Weltwirtschaftskrise von 1929 war ein anderes Problem sichtbar geworden; die Tendenz des Kapitalismus zur Überakkumulation. Mochte diese im Zweiten Weltkrieg auf wenngleich katastrophale Weise abgebaut worden sein, so blieb sie danach doch auf Dauer erhalten, wenn nicht neben den unregulierten Marktbeziehungen zusätzliche Nachfrage geschaffen wurde. Hierfür boten sich an:

1. Staatsaufträge und Investitionen,
2. Steigerung der Massenkaufkraft über die Löhne und Gehälter sowie
3. Transferleistungen für diejenigen, die nicht über Einkommen aus Löhnen, Gehältern oder aus Kapital verfügten.

Die Aufgabe Nr. 2.) fiel den Gewerkschaften zu, Nr. 1.) und 3.) gehörten zu den Funktionen der Öffentlichen Hände. Sozialdemokratische Parteien, deren Vertreter in der Regel nicht mit individuellen Kapitalinteressen verbunden waren und für die eine Umverteilung zugunsten staatlicher Leistungen nahe lag, waren für eine solche Politik geeignet, ohne ein Monopol auf sie zu haben.

Dabei war der Sozialstaat unter starker Mitwirkung von Gewerkschaften und sozialdemokratischen Parteien nur eine Ausformung dieser Gesellschaftsordnung unter anderen. In den USA war er schwach ausgebildet. Erst in den sechziger Jahren ist die sozialstaatliche Komponente dort leicht verstärkt worden, hier durch Initiative der Administration und des Kongresses, also gleichsam von oben. Aber auch hier war die Staatsquote hoch, die Hochrüstung absorbierte umfangreiche Investitionen aus dem Haushalt.

Voraussetzung der Hebung des Volkswohlstandes, der Regelungsdichte auf den Arbeitsmärkten und größerer sozialer Mobilität war eine 1947 einsetzende lange Wachstumsphase, die ihrerseits ihre Ursache in der Auflösung eines kriegs- und krisenbedingten Investitionsstaus, der seit 1929 entstanden war, hatte. Sie endete Mitte der siebziger Jahre: die mikroelektronische Revolution (= Dritte Industrielle Revolution nach der Ersten von 1780 ff. und der Zweiten mit ihrer Durchsetzung der Großchemie, der Elektroindustrie und des Verbrennungsmotors um 1900) und der Übergang zu einer nicht mehr an Vollbeschäftigung, sondern an Geldwertstabilität orientierten Wirtschaftspolitik verschoben das Kräfteverhältnis zugunsten der Unternehmer und zu Lasten der Arbeiterbewegung. Als Scheiteljahr dieser Entwicklung kann 1973 gelten: mit dem Zusammenbruch des Systems von Bretton Woods endete das administrierte Verhältnis der einzelnen Währungen zueinander, das eine innerkapitalistische politische Verfügung über die Zirkulationsmittel gewesen ist.

Die sozialdemokratischen Parteien verstanden sich nicht mehr nur als Organisationen der Lohnarbeiterschaft, sondern als Sachwalter einer klassenübergreifenden Infrastrukturpolitik. In der Sozialpolitik gab es relativ große Schnittmengen mit den – oft sich als christlich-demokratisch bezeichnenden – konservativen Parteien, die das korporatistische Arrangement mittrugen. Beide definierten sich als Volksparteien. Die Eigentumsfrage spielte in der Theorie (und häufig auch in der Praxis) der Sozialdemokratien keine Rolle mehr. (Dies galt auch für die britische Labour Party, in der die Gewerkschaften kollektive Mitglieder waren und die bis 1995 sich noch zum Gemeineigentum – in Clause Four ihres Programms – bekannte.) Wenn sie und die Konservativen bei der Ausweitung der staatlichen, kommunalen und sonstigen öffentlich-rechtlichen Sektoren mitwirkten, begründeten sie dies mit einem übergreifenden Gemeinwohl und als Flankierung des Privateigentums. Ihr Bekenntnis zur repräsentativen Demokratie verbanden sie mit der Bekämpfung der kommunistischen Bewegung und mit der Parteinahme für den Westen im Kalten Krieg. (Formelle Ausnahmen waren die sozialdemokratischen Parteien in neutralen Ländern: sie optierten außenpolitisch nicht, bekannten sich aber zum gleichen Wertesystem wie ihre Schwesterparteien in den NATO-Staaten.) Ihre politische Orientierung bezeichneten sie als »Demokratischen Sozialismus«. Nachdem die Sozialistische Arbeiterinternationale (SAI) im Zweiten Weltkrieg untergegangen war, gründeten die sozialdemokratischen Parteien 1951 eine neue Sozialistische Internationale.

In den meisten kapitalistischen Staaten waren die kommunistischen Parteien in dieser Periode schwach. 1943 war die Kommunistische Internationale aufgelöst worden. Ein 1947 gegründetes Kommunistisches Informationsbüro (Kominform) wurde bereits 1948 durch das Ausscheiden Jugoslawiens beeinträchtigt und schließlich 1956 wieder aufgegeben. Massenorganisationen blieben die kommunistischen Parteien in Frankreich und Italien. Sie wurden zwar zu Beginn des Kalten Krieges aus den dortigen Zentralregierungen verdrängt, waren aber in der Arbeiterklasse fest verankert, und die größten Gewerkschaften waren mit ihnen eng verbunden. Über sie, aber auch über ihre Parlamentsfraktionen und über ihre Positionen in Gemeindeverwaltungen und Gebietskörperschaften der mittleren Ebene wirkten sie an der Nachfrage-, Infrastruktur- und Sozialpolitik mit. Bezeichnenderweise blieben in beiden Ländern die sozialdemokratischen Parteien schwach, da ihre Funktionen hier durch die Kommunist(inn)en mit übernommen wurden.

Während die gewerkschaftlich organisierten Arbeiterinnen und Arbeiter (auch dort, wo sie noch kommunistisch votierten) die Möglichkeiten zu nutzen suchten, die sich ihnen innerhalb des Korporatismus eröffneten, propagierte in der zweiten Hälfte der sechziger Jahre eine kurzlebige, in Teilen anarchistische Studierendenbewegung in mehreren Ländern Europas und Amerikas die aktuelle Aufhebung des Kapitalismus. Sie war bereits wieder erloschen, als dieser in seine nächste Phase eintrat.

8. Defensive des Sozialismus im Finanzmarktkapitalismus

Der Zusammenbruch des Währungssystems von Bretton Woods und die Deregulierung der Märkte (insbesondere der Finanzmärkte) brachten das Ende der korporatistischen/staatsmonopolistischen Variante des Kapitalismus in ihrer bisherigen Form. Der gleichzeitige Niedergang des Staatssozialismus beseitigte ein konkurrierendes System, das mit seinem höheren Grad an Gleichheit und sozialer Sicherheit bis dahin eine Herausforderung gewesen war.

Die zeitweilige Stärke der Gewerkschaften hatte am Ende der korporatistischen Phase tatsächlich Druck zugunsten einer Erhöhung der Lohnquote und zu Lasten der Profite ausüben können. Staatliche Regulierungen und Transferleistungen wurden von den Unternehmen nur so lange im bisherigen Umfang hingenommen, wie das Kräfteverhältnis zwischen Kapital und Arbeit ihnen keine andere Wahl ließ. Ab 1973 wurden große Kapitalmassen aus der Produktion herausgezogen und weltweit an den Finanzmärkten eingesetzt. Damit sank die Nachfrage nach Arbeitskraft. Die schnelle Beweglichkeit des Kapitals von einer Region in die andere war die Voraussetzung eines Phänomens, auf dessen Charakterisierung als »Globalisierung« sich die veröffentlichte Meinung bald einigte. Durch die Verlagerung von Produktionsstätten in Niedriglohn-Länder wurde u.a. die Lockerung von Schutz- und Mitwirkungsmöglichkeiten der Arbeiterinnen und Arbeiter sowie der Angestellten in den alten Industriestaaten begünstigt. Unterhalb der Stammbelegschaften breitete sich die Zone der unständig Beschäftigten aus: das Prekariat. Es war keine völlig neue Erscheinung, sondern insbesondere in der Zeit der Ersten Industriellen Revolution durchaus bekannt gewesen. Jetzt kam es wieder.

In der Ökonomie waren die zentralen Akteure mit schließlich auch dominierendem Einfluss auf die Politik Finanzinvestoren (Banken, Fonds, Versicherungen). Der Staat wurde teilweise aus seinen bisherigen Wirtschaftstätigkeiten hinausgedrängt, teils zog er sich mit Hilfe der bürgerlichen (manchmal auch der sozialdemokratischen) Parteien selbst aus ihr zurück. Die öffentlich-rechtlichen Transferleistungen wurden reduziert. Nunmehr wurde die Eigentumsfrage marktradikal revitalisiert: durch umfangreiche Privatisierungen nicht nur in den ehemals sozialistischen Ländern, sondern auch in den altkapitalistischen Gesellschaften. Dies betraf die Infrastruktur auf allen Ebenen bis hinunter in die Kommunen. Private Versicherungen drangen dorthin vor, wo die bisherigen staatlichen und halbstaatlichen Systeme der Vorsorge im Krankheitsfall und im Alter abgebaut wurden. Diese neue Form der Kapitalismus ist der Finanzmarktkapitalismus. (Huffschmid 2009)

Unter solchen Bedingungen wurden in den alten Industrieländern die Gewerkschaften geschwächt. Als Partner im bisherigen, nun entfallenden korporatistischen Klassenkompromiss schieden sie aus und verloren Mitglieder.

Die kommunistischen Parteien wurden nun auch in Frankreich und Italien marginalisiert. Die Italienische Kommunistische Partei benannte sich 1991 in »Demokratische Partei der Linken« um. Sie wurde in die Sozialistische Internationale aufgenommen. Im bald darauf einsetzenden Umbau des italienischen Parteiensystems (Verfall der Democrazia Cristiana und der Sozialistischen Partei, Aufschwung faschistischer und rechtspopulistischer Parteien) ging sie schließlich in einer Partei der linken Mitte (Partito Democratico), die sich nicht mehr dem sozialdemokratischen Spektrum zurechnete, sondern sich eher die Demokratische Partei der USA zum Vorbild nahm, auf. Als 1974 die portugiesische Diktatur stürzte, verließ die Portugiesische Kommunistische Partei, die die zentrale Kraft des Widerstandes gewesen war, die Illegalität und behält bis in die Gegenwart einen – wenngleich minoritären – Masseneinfluss. Auch die Kommunistische Partei Japans konnte sich behaupten. Nach dem Ende der Apartheid blieb die Kommunistische Partei Südafrikas eine starke Kraft. Doch das waren Ausnahmen.

Nachdem die sozialdemokratischen Parteien im »Goldenen Zeitalter des Kapitalismus« (1947–1973) den Kampf um die Dominanz des gesellschaftlichen Eigentums zugunsten der politischen Verfügung über die im Wesentlichen in privater Hand bleibenden Produktions- und Zirkulationsmittel aufgegeben hatten, wurden ihnen durch die Entfesselung insbesondere der Finanzmärkte und deren deregulierende Wirkung auch auf die Realwirtschaft die bisherigen Instrumente vor allem indirekter Steuerung entwunden. Ihre Versuche, die Auswirkungen der neuen Kapitaloffensiven auf die sozial Schwachen zu dämpfen, erfolgten innerhalb und nach Maßgabe des veränderten sozioökonomischen Modells. Hatte in der Bundesrepublik Deutschland die SPD in ihrem Godesberger Programm noch propagiert: »Wettbewerb soweit wie möglich, Planung soweit wie nötig!«, so waren die Märkte nunmehr der Planbarkeit weithin entzogen. Für die Unternehmer gewann Regierungstätigkeit von Sozialdemokraten (u. a. in Großbritannien seit 1997 und in Deutschland insbesondere 1998 ff.) Akzeptanz durch deren Bereitschaft, ihrerseits die Postulate des Marktradikalismus zu exekutieren.

Während in den hochindustrialisierten kapitalistischen Gesellschaften die Handarbeiterschaft zunächst quantitativ stagnierte, dann sogar schrumpfte, war dort seit den sechziger Jahren die Intelligenz zu einer auch politisch einflussreichen Massenschicht geworden. In Umweltbewegungen und -parteien (»Grüne«) proklamierten ihre politischen Vertretungen die Notwendigkeit einer gesellschaftlichen Verfügung über die Naturressourcen. Die anfänglichen »ökosozialistischen« Tendenzen wurden aber bald unter den Primat marktkonformer Lösungsversuche gestellt.

Eine zweite, ebenfalls in der Intelligenz artikulierte Bestrebung zur Steuerung betraf den Versuch, die Kapitalbewegungen zu zügeln, zum Beispiel durch eine Kapital-Transaktionssteuer, wie sie der Ökonom James Tobin seit den siebziger Jahren des 20. Jahrhunderts vorschlug. Dieses Ziel vertritt u. a. die »Association pour une taxation des transactions financières pour l'aide aux citoyens« (»Vereinigung für eine Besteuerung von Finanztransaktionen zum Nutzen der Bürger«, ATTAC).

Die Krise von 2007 ff. zeigte die hochgradige Labilität

einer Finanz- und Wirtschaftsarchitektur, die auf unregulierten Märkten aufgebaut wurde. Im völligen Gegensatz zur marktliberalen Doktrin mussten die Staaten eingreifen. In den USA propagierte der seit 2009 amtierende Präsident Barack Obama einen »Green New Deal«: Öffentliche Investitionen sollten nicht nur neue Nachfrage schaffen, sondern zugleich zur Stabilisierung der Ökosphäre beitragen. Auf internationalen Konferenzen wurde eine Regulierung der Finanzmärkte diskutiert. Beide Vorhaben bezwecken ein gewisses Maß an politischer Verfügung über stoffliche und finanzielle Ressourcen. Subjekt dieser Bestrebungen ist nicht die Arbeiterklasse. Anstöße einer internationalen, sich »globalisierungskritisch« nennenden Bewegung vor allem von Intellektuellen werden teilweise von technokratischen Eliten aufgegriffen, in denen eine »Globale Sozialdemokratie« (Bello 2009) vermutet wurde.

9. Sozialismus in den Ländern nachholender Entwicklung nach 1973

In der Volksrepublik China wurde in den achtziger Jahren die bald nach Maos Tod (1976) eingeleitete Hinwendung zu einer mehr marktwirtschaftlichen Politik fortgesetzt. 1986 ist erstmals seit der Revolution eine Börse eröffnet worden. Die anfängliche Außenverschuldung veranlasste eine Förderung exportorientierter Industrien und die Einwerbung ausländischer Investitionen. Hohe Inflationsraten führten zu zeitweiliger Verstärkung der planwirtschaftlichen Elemente, doch setzte sich eine Grundtendenz zur Einleitung einer kapitalistischen Entwicklung durch. Das Hauptgewicht lag dabei mehr auf der privaten Verfügung über staatliche Produktions- und Distributionsmittel (vor allem in der Landwirtschaft) als auf einer Aufhebung des öffentlichen Eigentums, welche zunächst nur begrenzt erfolgte. Mit hohen Wachstumsraten erweist sich China inzwischen als eine wirtschaftliche Großmacht nicht nur innerhalb des insgesamt immer stärkeres ökonomisches Gewicht gewinnenden ostasiatischen Wirtschaftsraums, sondern mit globalem Gewicht. Die kapitalistische Entwicklung wurde zunächst vor allem in Sonderwirtschaftszonen (besonders in Südchina) vorangetrieben. Dabei ist noch nicht klar, welche politischen Folgen die ungleichmäßige Entwicklung (boomende Privatwirtschaft, stagnierender staatlicher Sektor, Nebeneinander von rasch sich entwickelnden und von zurückbleibenden Regionen, neue soziale Schichtung: Entstehung einer Bourgeoisie, aber auch Massenarmut) haben wird – bis hin zu einer etwaigen Bedrohung der territorialen Einheit. Das Machtmonopol der Kommunistischen Partei blieb erhalten. In der Weltwirtschaftskrise 2007 ff. zeigte sich eine hohe Abhängigkeit der gesamten Weltwirtschaft, insbesondere auch der USA, vom chinesischen Wachstumspotential.

Ab 1986 beschritt auch Vietnam den Weg, welchen die Volksrepublik China eingeschlagen hatte. Das Land öffnete sich für Investitionen aus dem kapitalistischen Ausland und erzielte hohe Wachstumsraten. Der Übergang vollzog sich auch hier unter dem Machtmonopol der Kommunistischen Partei.

In der Volksdemokratischen Republik Korea (Nordkorea) veranlasste der Untergang der UdSSR keine Veränderung des politischen und ökonomischen Systems.

Das Ende der UdSSR stürzte Kuba in große wirtschaftliche Schwierigkeiten, die durch das fortbestehende und unter Präsident Bush jun. noch verschärfte Wirtschaftsembargo erheblich verstärkt wurden. Während das Machtmonopol der Kommunistischen Partei weiter bestand, bemühte sich diese in den neunziger Jahren um eine Veränderung der Wirtschaftspolitik durch die Verbesserung der Außenhandelsbeziehungen: Ausbau des Tourismus, Aufbau neuer exportorientierter Industrien, Zulassung des US-Dollar. Inzwischen hat das Land aus eigener Kraft den Tiefpunkt zumindest vorerst überwunden.

Den sozialistisch optierenden Regimes in Afrika fehlte mit dem Ende der Sowjetunion ein wichtiger Rückhalt. Sie hörten in den neunziger Jahren zu bestehen auf, ebenso wie der Ujamaa-Sozialismus in Tansania. 1975 wurden Angola und Mozambik von Portugal unabhängig. Damit gelangten ihre von der UdSSR und (in Angola) von Kuba unterstützten Befreiungsbewegungen zur Macht. Angesichts des nach dem Ende der Sowjetunion vollständig veränderten Umfeldes konnten sie diese nicht zum Aufbau einer sozialistischen Ordnung nutzen.

Die verschiedenen Formen des »Arabischen Sozialismus« sind seit den achtziger Jahren aufgegeben worden.

1979 stürzte die sozialistisch orientierte »Sandinistische Nationale Befreiungsfront Nicaraguas« (FSLN) den Diktator Somoza. Die von ihr geführte neue Staatsmacht stieß auf die Feindschaft der USA, die eine terroristische Guerilla (»Contra«) unterstützten. 1990 verlor die Sandinistische Befreiungsfront in Nicaragua die Wahlen gegen eine Koalition von Konservativen und Liberalen, 2006 kam sie wieder in die Regierung. Die FSLN gehört der Sozialistischen Internationale an.

Der 1999 gewählte venezolanische Staatspräsident Hugo Chávez (1954–2013) verstand die von ihm eingeleitete

»bolivarische Revolution« als Weg zum Sozialismus. Unter seinem Nachfolger Nicolás Maduro geriet das Land in eine schwere ökonomische und politische Krise. In Brasilien stellte der aus einer starken Gewerkschaftsbewegung erwachsene Partido dos Trabalhadores (gegründet 1980) mit Lula da Silva ab 2002 den Staatspräsidenten. Seine derselben Partei angehörende Nachfolgerin Dilma Rousseff wurde 2016 gestürzt. Unter dem faschistoiden Präsidenten Jair Bolsonaro schwenkte die brasilianische Politik auf einen marktradikalen Kurs und die Wiederaufnahme eines engen Bündnisses mit den USA ein. 2006 wurde Evo Morales an der Spitze des »Moviemento al Socialismo« zum Staatspräsidenten Boliviens gewählt und nahm umfangreiche Verstaatlichungen in Angriff. Rafael Correa, der 2007 gewählte Präsident Ecuadors, versuchte einen Kurs wirtschaftspolitischer Autonomie gegenüber den internationalen Finanzinstitutionen nach außen und von Sozialreformen im Inneren. Sein Nachfolger Lenín Moreno (ab 2017) brach mit dieser Politik. Gemeinsamer Beweggrund der – in verschiedenem Grade sich vollziehenden – Linksbewegung dieser vier Länder war der Kampf um den sozialen und politischen Aufstieg der Unterklassen (in Bolivien vor allem auch der indigenen Bevölkerung), sodass sich Parallelen zur Arbeiterbewegung in Europa in der zweiten Hälfte des 19. Jahrhunderts herstellen lassen – wobei dieser Weg in Südamerika aber zwischenzeitlich schon in zentrale Staatsfunktionen geführt hatte.

III. Lehren

Solange Sozialismus lediglich technisch als die politische Verfügung einer Gesellschaft über die Produktions- und Zirkulationsmittel sowie über die Erbringung von Dienstleistungen verstanden wird, ist dieser Begriff inhaltsleer. Als Theorie und Praxis aber legitimierte er sich von Anfang an durch das Ziel der Emanzipation hin zur freien Entwicklung aller Menschen, die durch die bisherige Eigentumsordnung verhindert worden sei. Auch diese Bestimmung ist noch nicht hinreichend. Sie handelt von der Beziehung zwischen Menschen, also Gesellschaft. Diese ist seit jeher naturräumlich bedingt, verändert ihre stofflichen Voraussetzungen und ist damit zugleich Subjekt und Objekt der durch sie mit beeinflussten – umgangssprachlich als »Umwelt« bezeichneten – Biosphäre (Tjaden 1992). Die Gefahrenpotentiale, die sich neuerdings hier akkumulieren, sind nicht ohne jede politische Regulierung zu bewältigen.

In den bisherigen sozialistischen Versuchen erwies sich das staatliche Volleigentum als nicht geeignet, die Lebensbedingungen in hochkomplexen Gesellschaften zu gestalten. Das Scheitern des von kommunistischen Parteien organisierten Staatssozialismus erklärt sich zu großen Teilen dadurch. Der Versuch sozialdemokratischer Parteien,

Privateigentum lediglich durch die Setzung von Rahmenbedingungen politisch zu steuern, war ebenfalls erfolglos. Der Niedergang und schließlich die Niederlagen dieser zwei Varianten des Sozialismus haben seit den siebziger Jahren des 20. Jahrhunderts eine Entfesselung der Märkte ermutigt, deren immer stärker krisenhafte Entwicklung nunmehr die Notwendigkeit gesamtgesellschaftlicher Eingriffe wieder nahelegt. Damit könnte Sozialismus zumindest als untergeordnetes Organisationsprinzip in der kapitalistischen Gesellschaft erneut aktuell werden. Ob diese subalterne Funktion ausreicht, wird sich zeigen müssen. Wird damit die Eigentumsfrage neu aufgeworfen, muss über die verschiedenen Formen, in denen sie zu beantworten ist, nachgedacht werden.

Dabei könnten sich die folgenden Antworten ergeben:

1. Mag staatliches Totaleigentum auch ineffektiv sein – ganz verzichtbar wird ein staatlicher Sektor nicht sein. Zu den gefährlichsten Industrien gehört die Rüstungsindustrie. Wer sie abschaffen oder auch nur einschränken will, wird sie zuerst verstaatlichen müssen.

Andere öffentliche Eigentumsformen können ausgedehnter sein als das staatliche, vor allem

2. das kommunale Eigentum.
3. Eine weitere wichtige Eigentumsform kann die genossenschaftliche sein.
4. In keiner sozialistischen Gesellschaft sollte das selbst genutzte Eigentum, sei es an einer Wohnung, sei es an einem Handwerks- oder Dienstleistungsbetrieb, beseitigt werden.
5. Sozialistische Gesellschaften werden sich sogar darauf verständigen, dass auch innovatives und leistungsfähiges kapitalistisches Privateigentum sinnvoll ist, wenn es an folgende Bedingungen gebunden ist:

a. Es muss unter strenger öffentlicher Kontrolle stehen, durch Mitbestimmung und durch ein lückenloses Arbeitsrecht.
b. Über die Investitionen und die Verwendung des Gewinns werden die Eigentümer keine uneingeschränkte Verfügung haben. Ein Teil des Profits wird ständig abgeschöpft – durch Progressivbesteuerung – und gesamtgesellschaftlichen Zwecken zugeführt werden.

Die Kombination aus zentralem und dezentralem Eigentum muss mit einer Form öffentlicher Gewalt vereinbart werden, in der »die freie Entwicklung eines jeden die Bedingung für die freie Entwicklung aller ist« – eine Demokratie, die nicht mehr durch Privilegien an ökonomischer Macht eingeschränkt ist.

Digitaler Sozialismus?[4]

Immer wieder und wohl zutreffend wird behauptet, die gegenwärtige digitale Durchdringung von Produktion, Waren- und Geldzirkulation, Speicherung von Informationen sowie Kommunikation werde die Welt ebenso verändern wie die Erste Industrielle Revolution des 18. und 19. Jahrhunderts. Sie gehört zu den grandiosen Hervorbringungen des Kapitalismus. Hat er mit den »im Schoß der alten Gesellschaft« (Marx) herangewachsenen neuen Produktivkräften seine Überlegenheit über jede andere denkbare Ordnung bewiesen und ist damit endgültig alternativlos geworden? Oder sind diese imstande, ihn aufzuheben, da seine Grenzen zu eng für sie geworden sind?

---

4 Erstfassung: Fülberth, Georg: Neue Lage, alte Fragen. Den digitalen Kapitalismus gibt es längst. Aber was ist mit dem digitalen Sozialismus?, in: analyse & kritik Nr. 653, 15. Oktober 2019, S. 25.

Diese Frage ist ziemlich alt und stellt sich aufgrund der digitalen Revolution unter neuen Bedingungen. Die Geschichte solcher Überlegungen soll im Folgenden zunächst referiert werden. Danach wenden wir uns der Aktualisierung des Problems zu.

Es begann vor über hundert Jahren: in der so genannten Kalkulationsdebatte.

Bürgerliche, nicht sozialistische Ökonomen haben sich als erste Gedanken darüber gemacht, ob eine auf dem gesellschaftlichen Eigentum an den zentralen Produktionsmitteln beruhende Planwirtschaft ebenso gut imstande sei, die Bedürfnisse der Menschen zu befriedigen wie eine kapitalistische Marktwirtschaft. Für die Sozialisten war diese Frage im 19. und im beginnenden 20. Jahrhundert schon beantwortet, bevor sie gestellt war: Gemeinwirtschaft sei der Privatwirtschaft nicht etwa ebenbürtig, sondern überlegen. Ihre Forderungen nach einer anderen Gesellschaft ergaben sich aus der Kritik am Kapitalismus, zielten also auf die im Verhältnis zu diesem bessere Gesellschaft. Eine darüber hinausgehende Erörterung, durch welche konkreten Maßnahmen Produktion und Verteilung zu organisieren seien, lehnten zumindest die Marxist(inn)en als utopistische Modellkonstruktion ab.

Alarmiert durch den Aufstieg der Arbeiterbewegung vor 1914, versuchten nichtsozialistische Ökonomen die Realitätstüchtigkeit gemeinwirtschaftlicher Vorstellungen zu überprüfen.[5]

Für sie war der Markt der Ort für die Regulierung des Verhältnisses von Angebot und Nachfrage. Es war heraus-

---

5 Zum Folgenden siehe Schumpeter, Joseph A, 1950, S. 275-298. Dort auch die Angaben zu Barone, von Mises, Hayek, Lange und Lerner.

zufinden, ob dies auch möglich sei, wenn in einer Planwirtschaft nicht private, sondern öffentliche Eigentümer an den Produktionsmitteln als Anbieter auftraten.

Der Italiener Enrico Barone (1859–1924) kam 1908 zu dem Ergebnis: dies sei im Prinzip möglich. Auch politische Instanzen in einer sozialistischen Gesellschaft seien in der Lage, die Bedürfnisse der Gesellschaftsmitglieder festzustellen und Verteilungsmechanismen zu deren Befriedigung zu ermitteln. Wie das im Einzelnen zu machen war, musste die Praxis zeigen.

Dieser Ernstfall trat bekanntlich 1917 – mit der Oktoberrevolution – ein, und die Diskussion begann neu, wieder zunächst von bürgerlicher Seite.

Der österreichische Ökonom Ludwig von Mises (1881–1973) veröffentlichte 1920 einen Aufsatz »Die Wirtschaftsrechnung im sozialistischen Gemeinwesen«, in dem er nachzuweisen versuchte, dass dieses, also das »sozialistische Gemeinwesen«, nicht imstande sei, den Menschen das jeweils beste, billigste und begehrteste Produkt zu beschaffen: Überfluss an unerwünschten Waren und Mangel an benötigten stünden sich stattdessen gegenüber.

Mises' Meisterschüler war Friedrich August von Hayek (1899–1992). Er gab 1935 einen Band mit dem Titel »Collectivist Economic Planning« heraus, in dem die Beweisführung seines Lehrers ausgearbeitet wurde.

Der sozialistische Theoretiker Oskar Lange (1904–1965) nahm diese Herausforderung erstaunlich defensiv an: Der Staat könne als »Auktionator« von Angeboten miteinander konkurrierender gemeinwirtschaftlicher Unternehmen auftreten. Auch der Ökonom Abba P. Lerner (1903–1982) entwickelte ein solches Modell einer sozialistischen Marktwirtschaft.

Im sowjetischen Machtbereich widersprach dieses Konzept einem politischen Kontrollanspruch. Das »Neue Ökonomische System der Planung und Leitung« (NÖSPL) in der DDR verlagerte zwar Kompetenzen auf die betriebliche Ebene, doch auch hier war der Staat mehr als nur ein »Auktionator«. Im kapitalistischen Westen hatte eine sozialistische Marktwirtschaft ohnehin keine Chance, denn zuvor hätten die Betriebe, die ihre Angebote gemäß den Bedürfnissen potentieller Kundschaft ausarbeiten und Preise kalkulieren sollten, ja erst dem Kapital entrissen werden müssen. In beiden Fällen standen Machtverhältnisse im Wege.

Nach dem Zusammenbruch des Sozialismus sowjetischen Typs 1989 wurde ein weiterer Versuch unternommen, die Möglichkeiten einer bedarfsdeckenden Wirtschaft auf der Basis gesellschaftlichen Eigentums auszuloten, jetzt einerseits in Auswertung einer Niederlage, andererseits in Wahrnehmung von Chancen, die die inzwischen noch mehr fortgeschrittene Digitalisierung eröffnen könnte.

1993 veröffentlichten Paul Cockshott und Allin Cottrell das Buch »Towards a New Socialism«, seine deutsche Übersetzung erschien 2006 unter dem Titel »Alternativen aus dem Rechner. Sozialistische Planung und direkte Demokratie«. (Cockshott/Cottrell 2006) Neue mathematische Methoden und hohe Rechnerleistung machten es ihrer Meinung nach möglich, den Preis von Waren nicht länger aufgrund des Auspendelns von Angebot und Nachfrage auf dem Markt zu ermitteln, sondern ihn auf den Input von Arbeit, die für ihre Herstellung nötig ist, zurückzuführen. Dies war ja schon der Ansatz von Adam Smith, David Ricardo und Karl Marx gewesen, doch stand ihnen damals noch nicht die erforderliche Informationstechnologie zur Verfügung. Heute sei es möglich, die Nachfrage der Verbraucher(innen) abzurufen, sie mit den Angebotspotentialen abzugleichen und beide dann in einen Prozess demokratischer Planung mittels Arbeitswerten einzubeziehen. Voraussetzung sei das gesellschaftliche Eigentum an den Produktionsmitteln.

Allerdings stehen die technischen Ressourcen eines künftigen digitalen Sozialismus auch dem digitalen Kapitalismus zur Verfügung. Den gibt es nämlich bereits, und er hat sich längst dem Problem der Abstimmung von Angebot und Nachfrage mithilfe der Informationstechnologie zugewandt.

Das Ergebnis entspricht auf der formalen Ebene erstaunlich weitgehend dem Modell von Cockshott/Cottrell. Die koordinierende Instanz ist allerdings – anders als bei diesen – das Warenhandlungskapital.

Marx unterscheidet das industrielle, das zinstragende und das Warenhandlungskapital. Das industrielle Kapital ist heute so produktiv, dass, um Überakkumulation zu vermeiden, der Absatz in großem Maßstab organisiert und Nachfrage ständig neu geweckt werden muss. Hierzu ist die Sammlung von Datenmassen über potentielle Verbraucher(innen) vonnöten, nach Möglichkeit hochgradig individualisiert sowohl nach Kund(inn)en und Waren. Dies besorgen die großen Internetfirmen.

Weiterhin werden Profite gemacht, und zwar hohe. Auch Lohnarbeit findet statt. Solange die abhängig Beschäftigten und solche Selbständige, die keine fremde Arbeitskraft ausbeuten, keinen Anlass sehen, den Kapitalismus zu überwinden, stellt sich die Frage eines revolutionären Übergangs in eine neue Gesellschaft nicht.

Zu überlegen ist, ob er evolutionär, ohne politischen Systemwechsel, stattfinden kann.

Hier stoßen wir auf Behauptungen von Theoretiker(innen), wonach der Kapitalismus im Begriff sei, sich infolge seiner Digitalisierung selbst aufzuheben.

Der US-Amerikaner Jeremy Rifkin spricht von einer kommenden »Null-Grenzkosten-Gesellschaft«: Die Digitalisierung mache immer mehr Güter so wohlfeil, dass deren Hersteller kaum noch Gewinne machen könnten. Als »Grenzkosten« bezeichnen Marktwirtschaftler den Preis eines Produktes, für das Verbraucher(innen) gerade noch bereit sind, Geld auszugeben. Jede zusätzliche Ware bleibt liegen, hat also keinen Wert mehr. Diese Güter, so Rifkin, nähmen zu und könnten dann umsonst angeeignet werden. (Rifkin 2014)

Es gibt ein paar Indizien für diese These, zum Beispiel den Niedergang der Musikindustrie, deren Erzeugnisse kostenlos heruntergeladen werden können und deren frühere Position auch durch juristische Maßnahmen zum Schutz geistigen Eigentums nicht wiederhergestellt werden kann.

In seinem 2016 erschienenen Buch »Postkapitalismus« sieht der britische Fernsehjournalist Paul Mason in Übereinstimmung mit Rifkin eine sich immer weiter ausbreitende Almende (Commons) entstehen: Gemeingüter, die von allen genutzt werden. Wikipedia ist ein Beispiel. Durch das Internet könnten alte Eigentumsverhältnisse unterspült werden. (Mason 2016)

Hiergegen kann eingewandt werden: Der Kapitalismus verschwindet dadurch noch lange nicht. Werden ganze Produktionszweige obsolet, bedeutet das zwar im Einzelnen Kapitalvernichtung, aber nicht unbedingt im Ganzen. Die Quellen des Profits werden dann woanders gesucht, und die neuen Commons können zur Voraussetzung von Profiten in diesen Branchen werden. Ein Beispiel: Das kostenlose

Internet ist die technische Geschäftsgrundlage von Amazon.

Paul Mason konstatiert selbst einen Widerspruch »zwischen der Möglichkeit eines unerschöpflichen Angebots an kostenlosen Gütern und einem System von Monopolen, Banken und Staaten, die alles tun, damit diese Güter knapp, kommerziell nutzbar und im Privatbesitz bleiben.« Es handele sich um eine »Auseinandersetzung zwischen dem Netzwerk und der Hierarchie«. Subjekt auf der Seite des Fortschritts sei »die vernetzte Menschheit«. Offenbar ist sie identisch mit der »Multitude«, die Michael Hardt und Antonio Negri bereits 2001 in ihrem Buch »Empire« proklamierten. (Hardt/Negri 2002) Für Mason sind heute »alle Menschen auf der Erde potenzielle Agenten der Veränderung«. Sie ersetzen in dieser Funktion die Marxsche Arbeiterklasse. Ob die Menschheit die ihr angetragene Rolle als revolutionäres Subjekt freudiger annehmen werde als das alte Proletariat, ist, vorsichtig gesagt, offen. Immerhin räumt Mason implizit ein, dass die Digitalisierung alleine den Kapitalismus nicht beseitigen wird.

Die Digitalisierung, durch den Kapitalismus heute in seinem Interesse genutzt, könnte einer künftigen sozialistischen Gesellschaft ebenso große Dienste leisten, nämlich bei der Planung, der Feststellung des individuellen und gesellschaftlichen Bedarfs und der Bereitstellung von Gütern zu dessen Deckung. Die Kalkulationsdebatte von Barone über Mises, von Hayek bis Oskar Lange und Abba P. Lerner hat sich spätestens seit Cockshott/Cottrell als obsolet erwiesen.

Anders ist es mit dem Übergang von der kapitalistischen zu einer »postkapitalistischen« Ordnung. Die »Informationsgesellschaft« ist nicht sein Vehikel, sondern ein Kampfplatz, auf dem diese Auseinandersetzung stattfinden muss.

Eine mögliche Variante unter vielen …

Zum Schluss soll die Frage gestellt werden, wie aktualitätstüchtig solche Modellvorstellungen über Ersetzung und Kontrolle des Privateigentums sein können. Sie wird von Land zu Land anders zu beantworten sein. Für einen Spezialfall wird hierzu ein Gedankenspiel am Beispiel der Bundesrepublik Deutschland vorgestellt.

Nennen wir es die »Pink, Grey, Red, Blue Revolution« (PGRBR). Hier kommt die Übersetzung:

Pink,
das sind die Investitionen in die jüngsten Menschen, von der Geburt bis zum Ende des Vorschulalters. Innerhalb des Erziehungssystems ist hier der gründlichste (und teuerste) Umbruch vonnöten: jedes Kind müsste gebührenfreien Zugang erhalten. Nicht nur muss die Zahl der Erzieherinnen und Erzieher multipliziert werden, sie müssen auch auf Fachhochschulniveau ausgebildet und der Wichtigkeit ihres Berufs entsprechend bezahlt werden.

Grey,
das sind die Alten. Die Sorge für sie ist zur Zeit als eine Art Notfallbereich konzipiert. Um dies zu ändern, wären weitere Milliardeninvestitionen nötig, und zwar auf Dauer.

Red,
das sind die arbeitenden Generationen zwischen Pink und Grey, deren Löhne endlich nicht mehr sinken dürfen, sondern steigen müssen. Unter anderem würde dadurch die Massenkaufkraft gesteigert werden, und die Bundesrepublik wäre weniger vom Export abhängig als bisher.

Blue,
das war die Farbe der Buttons der Friedensbewegung, auf denen die weiße Taube abgebildet war. Rüstung und Krieg sind mindestens zweimal im 20. Jahrhundert als der letzte Ausweg aus der Überakkumulation benutzt worden. Dies war doppelt schädlich: erstens wegen der schrecklichen Menschenopfer; zweitens, weil die Mittel, die für die Realisierung sinnvoller Bedürfnisse vorhanden waren, fehlgeleitet worden sind. Wahrscheinlich wird die wichtigste Aufgabe des 21. Jahrhunderts darin bestehen, die Fehler des 20. zu revidieren und ihre Wiederholung unmöglich zu machen. Zu diesen Abhilfen gehört die Blue Revolution.

Weshalb aber wird in diesem Zusammenhang das uralte Reizwort »Revolution« verwandt?

Antwort: Weil auch die hier vorgeschlagenen innerkapitalistischen Reformen unter den aktuellen Bedingungen der Bundesrepublik Deutschland nur durch die vorstehend beschriebenen vier Modifikationen des Eigentums bewältigt werden können, also durch einen großen Anteil Sozialismus noch im Kapitalismus. Seine ökologische Dimension wird als selbstverständlich vorausgesetzt.

wws: worldwide socialism …

International werden Sozialistinnen und Sozialisten, die

1. mit der politischen Verfügung über die Produktions- und Zirkulationsmittel sowie über die Erbringung von Dienstleistungen durch den planenden, organisierenden und verteilenden Einsatz von politischen Institutionen,

2. die freie Entwicklung eines jeden Menschen als Bedingung für die freie Entwicklung aller und
3. die reproduktive Gestaltung des Verhältnisses von Mensch und Biosphäre erreichen wollen, Konzepte und eine politische Praxis entwickeln müssen, die
   a. den jeweiligen Bedingungen ihres Landes, ihrer Region sowie ihrer lokalen Situation und
   b. übergreifenden Notwendigkeiten – wie zum Beispiel einer Kontrolle der Finanzmärkte und der gemeinsamen Bewirtschaftung der natürlichen Ressourcen – gerecht werden.

Als institutioneller Rahmen einer solchen Politik werden nach deren Durchsetzung auf Dauer Gewaltenteilung, ein sozialistisches Mehrparteiensystem und rechtsstaatliche Garantien für die Beziehungen der Mitglieder der Gesellschaft untereinander sowie gegenüber den Organen der öffentlichen Gewalt unabdingbar sein.

Einige Literaturhinweise

Mit einem Teelöffel aus dem Meer geschöpft…

Zur einführenden Lektüre wird empfohlen:

a. Theorie

Hofmann 1979: Hofmann, Werner: Ideengeschichte der sozialen Bewegung des 19. und 20. Jahrhunderts. 6. Auflage. Berlin / New York 1979.

b. Geschichte

Abendroth 1986: Abendroth, Wolfgang: Sozialgeschichte der europäischen Arbeiterbewegung. 15. Auflage. Frankfurt/M. 1986.

Nachfolgend sind einige wenige weitere Titel aufgeführt, auf die sich der Text in der einen oder anderen Weise unmittelbar bezog.

A. Theoretische Arbeiten

Bello 2009: Bello, Walden: Globale Sozialdemokratie. Grenzen einer kapitalistischen Antwort. In: Luxemburg. Gesellschaftsanalyse und linke Praxis. Nr. 1/2009. S. 116-122.

Beveridge 1944: Beveridge, William: Full Employment in a Free Society. London 1944.

Bernstein 1977: Bernstein, Eduard: Die Voraussetzungen des Sozialismus und die Aufgaben der Sozialdemokratie. 7. Auflage. Berlin / Bonn-Bad Godesberg 1977.

Cockshott/Cottrell 2006: Cockshott, Paul W. / Cottrell, Allin: Alternativen aus dem Rechner. Für sozialistische Planung und direkte Demokratie. Köln 2006.

Hardt/Negri 2002: Hardt, Michael / Negri, Antonio: Empire. Die neue Weltordnung. Frankfurt/M. / New York 2002.

Hilferding 1968: Hilferding, Rudolf: Das Finanzkapital. Eine Studie über die jüngste Entwicklung des Kapitalismus. Frankfurt/M. / Wien 1968.

Hobson 1970: Hobson, John A.: Der Imperialismus. 2. Auflage. Köln 1970.

Hofmann 1984: Hofmann, Werner: Was ist Stalinismus? Heilbronn 1984.

Huffschmid 2009: Huffschmid, Jörg: Nach der Krise: Das Ende des Finanzmarktkapitalismus? In: Z. Zeitschrift Marxistische Erneuerung. Nr. 78. Juni 2009. S. 37-51.

Lenin 1961: Lenin, W. I.: Der Imperialismus als höchstes Stadium des Kapitalismus. Gemeinverständlicher Abriß. In: Lenin, W. I.: Ausgewählte Werke. Band I. Berlin 1961. S. 709-817.

Luxemburg 1985: Luxemburg, Rosa: Die Akkumulation des Kapitals. Ein Beitrag zur ökonomischen Erklärung des Imperialismus. In: Luxemburg, Rosa: Gesammelte Werke. Band 5: Ökonomische Schriften. Berlin 1985.

Marx 1969b: Marx, Karl: Zur Kritik der Politischen Ökonomie. In: Marx, Karl / Engels, Friedrich: Werke (= MEW) Bd. 13. Berlin 1969. S. 3-160.

Marx 1962: Marx, Karl: Randglossen zum Programm der deutschen Arbeiterpartei. In: MEW Bd. 19. Berlin 1962. S. 15-32.

Marx 1968/16: Marx, Karl: Inauguraladresse der Internationalen Arbeiter-Assoziation, gegründet am 28. September 1864 in öffentlicher Versammlung in St. Martin's Hall, Long Acre, in London. In: MEW Bd. 16. Berlin 1968. S. 5-13.

Marx 1968/17: Marx, Karl: Der Bürgerkrieg in Frankreich. Adresse des Generalrats der Internationalen Arbeiterassoziation. In: MEW Bd. 17. Berlin 1968. S. 313-362.

Marx 1975: Marx, Karl: Das Kapital. Kritik der Politischen Ökonomie. Erster Band. Buch I: Der Produktionsprozeß des Kapitals. MEW Bd. 23. Berlin 1975.

Marx 1976: Marx, Karl: Das Kapital. Kritik der Politischen Ökonomie. Dritter Band. Buch III: Der Gesamtprozeß der kapitalistischen Produktion. MEW Bd. 25. Berlin 1976.

Marx 1989: Marx, Karl: Das Kapital. Kritik der Politischen Ökonomie. Zweiter Band. Buch II: Der Zirkulationsprozeß des Kapitals. MEW Bd. 24. Berlin 1989.

Marx/Engels 1969: Marx, Karl / Engels, Friedrich: Manifest der Kommunistischen Partei. In: MEW Bd. 4. Berlin 1969. S. 459-493.

Mason 2014: Mason, Paul: Postkapitalismus. Grundrisse einer Ökonomie der Zukunft. Berlin 2016.

Polanyi 1978: Polanyi, Karl: The Great Transformation. Politische und ökonomische Ursprünge von Gesellschaften und Wirtschaftssystemen. 2. Auflage. Frankfurt/M. 1978.

Rifkin 2014: Rifkin, Jeremy: Die Null-Grenzkosten-Gesellschaft. Das Internet der Dinge, kollaboratives Gemeingut und der Rückzug des Kapitalismus. Frankfurt/M. / New York 2014.

Schumpeter 1950: Schumpeter, Joseph A.: Kapitalismus, Sozialismus und Demokratie. Tübingen 1950.

Tjaden 1992: Tjaden, Karl Hermann: Mensch – Gesellschaft – Biosphäre. Über die gesellschaftliche Dialektik des Verhältnisses von Mensch und Natur. 2. Auflage. Marburg 1992.

B. Geschichte

Braunthal 1978: Braunthal, Julius: Geschichte der Internationale. 3 Bde. 3. Auflage. Berlin / Bonn 1978.

Deutscher 1962: Deutscher, Isaac: Stalin. Eine politische Biographie. Stuttgart 1962.

Deutscher 1962/1963: Deutscher, Isaac: Trotzki. 3 Bde. Stuttgart 1962/1963.

Fülberth 2008: Fülberth, Georg: G Strich – Kleine Geschichte des Kapitalismus. Köln 2005. 4. Auflage. Köln 2008.

Canfora 2007: Canfora, Luciano 2007: Eine kurze Geschichte der Demokratie. Von Athen bis zur Europäischen Union. 4. Auflage. Köln 2007.

Hobsbawm 1962: Hobsbawm, Eric J.: Sozialrebellen. Archaische Sozialbewegungen im 19. und 20. Jahrhundert. Neuwied am Rhein / Berlin-Spandau 1962.

Kalt 2010: Kalt, Hans: In Stalins langem Schatten. Zur Geschichte der Sowjetunion und zum Scheitern des sowjetischen Modells. 2. Auflage. Köln 2010.

Rosenberg 1962: Rosenberg, Arthur: Demokratie und Sozialismus. Zur politischen Geschichte der letzten 150 Jahre. Frankfurt/M. 1962.

Sassoon 1996: Sassoon, Donald: One Hundred Years of Socialism. The West European Left in the Twentieth Century. New York 1996.